D1573870

FASZINATION DEUTSCHLAND

EIFEL, MOSEL MITTELRHEIN

Sinnbild deutscher Burgenromantik: die Reichsburg bei Cochem an der Mosel. Auch sie ist mit ihren Türmen und Erkern eine Neuschöpfung des 19. Jahrhunderts, erbaut über der mittelalterlichen Burgruine.

/ FASZINATION DEUTSCHLAND

EIFEL, MOSEL, MITTELRHEIN

Rheinromantik pur mit engem Flusstal, bewaldeten Hängen, schroffen Felsen und altem Gemäuer: So präsentiert sich das Mittelrheintal bei St. Goarshausen mit Burg Katz samt Ruine des alten Bergfrieds.

ZU DIESEM BUCH

»Die Sonne war glühend, die frische Luft vom Rhein wurde lau […], zu meiner Rechten bog zwischen zwei Felsen eine schmale schattige Bergschlucht ab […]. In diesen Bergen verband sich alles mit meinem Gedanken und passte zu meinen Träumen: das Grün, die verfallenen Gemäuer, die Gespenster, die Landschaft, die Erinnerungen, die Menschen […], die Geschichte, die hier gewetterleuchtet …«
Victor Hugo: »Eindrücke einer Rheinreise«, 1840

Landschaften, die zum Erleben der Natur einladen. Orte, in denen die Zeit stehen geblieben zu sein scheint. Wein, der probiert werden möchte. All dies lockt kompakt vor der eigenen Haustür: in der Eifel, an der Mosel und am Mittelrhein.

Die nördlichste der drei Regionen ist die Eifel, die rasch von Aachen, Köln oder Koblenz aus erreicht werden kann. Hier kann die Erdgeschichte hautnah erlebt werden, auf Schritt und Tritt finden sich Zeugen der vulkanischen Vergangenheit des Mittelgebirges. Nach einer anstrengenden Wanderung über Stock und Stein lässt es sich dann, umgeben von geschichtsträchtigen Fachwerkhäusern, ausgezeichnet bei einem Schoppen Rotwein von der Ahr entspannen.

Am Wein – zumeist der weißen Sorte Riesling – kommt an der Mosel niemand vorbei. Die Kunst des Weinbaus haben dort vor fast 2000 Jahren bereits die alten Römer begründet. Von ihnen finden sich in der Region auch zahlreiche architektonische Hinterlassenschaften, etwa in Trier in Gestalt des Stadttores Porta Nigra oder der Konstantinbasilika. An legendären Weinorten wie Bernkastel-Kues und Festungsbauten wie Burg Eltz vorbei mäandert die Mosel bis nach Koblenz.

Dort vereint sie sich mit dem Rhein. Reisende Richtung Süden erleben im Oberen Mittelrheintal eine einzigartige Natur- und Kulturlandschaft, die von der UNESCO als Weltkulturerbe ausgezeichnet wurde. Im 18. und 19. Jahrhundert haben europäische Künstler das romantische Ensemble aus Burgen und historischen Ortschaften, aus Weinbergen und Felsenhöhen wie der Loreley für sich entdeckt – eine Bewegung, die als Rheinromantik in die Kulturgeschichte eingegangen ist.

Von den Kulturlandschaften der Eifel, der Mosel und des Mittelrheins lassen sich auch heute noch die Menschen verzaubern. Von nah und fern strömen die Besucher herbei und tragen die Kunde davon, welche Schätze es an Deutschlands westlichem Rand zu entdecken gibt, in alle Welt.

Einen Vorgeschmack darauf geben die folgenden Seiten mit großformatigen Bildern und informativen Texten. Auf die Bildkapitel folgen Atlasseiten und Register für weiterführende Orientierung. Viel Spaß beim Entdecken!

Herbststimmung in der Eifel: das Weinfelder Maar – auch Totenmaar genannt – bei Daun. Was heute so friedlich wirkt, sind mit Wasser gefüllte Vulkantrichter, wie sie für die Eifel so typisch sind.

»Überall belebt durch die geschäftigen Ufer, immer neu durch die Windungen des Stroms, und bedeutend verziert durch die kühnen, am Abhange hervorragenden Bruchstücke alter Burgen, scheint diese Gegend mehr ein in sich geschlossenes Gemälde und überlegtes Kunstwerk eines bildenden Geistes zu sein, als einer Hervorbringung des Zufalls zu gleichen ...« – so schwärmte der Philosoph und Dichter Friedrich Schlegel 1803 über das Mittelrheintal. Er verlieh damit der Rheinromantik poetischen Ausdruck, deren Vertreter diesen Flussabschnitt seit 200 Jahren zum Idealbild einer von Natur und Geschichte mythisch umwobenen Landschaft verklären.

EIFEL

Nationalpark Eifel	10
Monschau	12
Talsperren	14
Bad Münstereifel	16
Burg Satzvey	18
Bad Neuenahr-Ahrweiler, Altenahr	20
Rotwein von der Ahr	22
Laacher See, Benediktinerabtei Maria Laach	24
Vulkanismus	26
Mayen, Schloss Bürresheim	28
Von Tieren und Orchideen	30
Monreal	32
Hohe Eifel, Adenau, Nürburg	34
Nürburgring	36
Blankenheim, Kronenburg	38
Kyll, Gerolstein	40
Maare	42
Schneifel, Prüm	44

INHALTSVERZEICHNIS

Burgen in der Eifel	46	Burg Eltz	82	Boppard	118
Bitburg, Bitburger Land	48	*Moselschleifen*	84	*Wandern auf dem Rheinsteig*	120
Irrel, Bollendorf	50	Münstermaifeld	86	St. Goarshausen, Burg Katz, Burg Maus	122
Die Eifel literarisch	52	*Mit dem Schiff unterwegs*	88	St. Goar, Burg Rheinfels	124
				Die Loreley	126
MOSEL		**MITTELRHEIN**		Oberwesel, Schönburg	128
Trier: Porta Nigra und Hauptmarkt	56	Königswinter, Siebengebirge	92	Kaub, Burg Gutenfels, Burg Pfalzgrafenstein	130
Trier: Dom und Basilika	58	Remagen, Bad Breisig, Bad Hönningen	94	Bacharach, Burg Stahleck	132
Die Straße der Römer	60	Neuwied, Bendorf	96	*Wein vom Rhein*	134
Bernkastel-Kues	62	Koblenz	98	Burg Sooneck, Burg Reichenstein	136
Nikolaus von Kues	64	*Rheinhochwasser*	100	Bingen	138
Der Schinderhannes	66	Festung Ehrenbreitstein	102	*Hildegard von Bingen*	140
Traben-Trarbach	68	*Rhein in Flammen*	104	Rüdesheim	142
Zell	70	Schloss Stolzenfels	106		
Im Land des Rieslings	72	Lahnstein	108	Atlas	144
Beilstein	74	*Weltkulturerbe Oberes Mittelrheintal*	110	Register, Webadressen	158
Weinköniginnen	76	Rhens	112	Bildnachweis, Impressum	160
Cochem	78	Braubach, Marksburg	114		
Burgenromantik an der Mosel	80	*Rheinromantik*	116		

Wanderer werden mit herrlicher Aussicht belohnt, wenn sie es bis hinauf zur Burg Nideggen geschafft haben, deren älteste Teile aus dem Jahr 1177 stammen (unten links). Von dort schweift der Blick über die weite, bewaldete Hügellandschaft der Rureifel. Nur wenige Kilometer südwestlich davon erstreckt sich zu Füßen der Urfttalsperre der Obersee mit seinem tiefblauen Wasser (großes Bild).

EIFEL

Ein Mittelgebirge hat nichts mit Mittelmäßigkeit zu tun. Das stellt die Eifel in jedem ihrer Winkel unter Beweis. Die Region birst förmlich vor Sehenswürdigkeiten: Eine Burg reiht sich an die andere, allerorten stößt man auf Geschichtsträchtiges. Eingebettet in die Naturlandschaft sind Stauseen, die längst von der Freizeitgesellschaft vereinnahmt wurden. Das Wanderwegenetz sucht ebenso seinesgleichen wie der Fachwerkreichtum der Orte. Kurz: Wer die Eifel noch nicht entdeckt hat, sollte das möglichst bald nachholen.

Das Herz jedes Tierliebhabers schlägt wohl höher, wenn er im dichtbesiedelten Deutschland einen der selten gewordenen Seeadler zu Gesicht bekommt (rechts). Im besonders geschützten Nationalpark Eifel ist das noch möglich. Charakteristisch für die Region sind sprudelnde Bäche und Flüsschen, wie beispielsweise hier im Tal der Rur (großes Bild). Jenseits der ausgetretenen Pfade leben die scheuen Mauereidechsen und Wildkatzen, die der Besucher allerdings nur mit sehr viel Geduld und Glück erblicken kann (Bildleiste rechts).

NATIONALPARK EIFEL

Im Jahr 1872 entstand mit dem Yellowstone-Nationalpark in den USA das weltweit erste Schutzgebiet dieser Art. Bereits Anfang des 20. Jahrhunderts kam die Idee auf, in der Eifel einen »deutschen Yellowstone-Park« einzurichten. Was damals eine Anregung von Eifeler USA-Auswanderern war, wurde 2004 Realität. Seitdem gibt es im Norden des Mittelgebirges den ersten Nationalpark Nordrhein-Westfalens. Im 110 Quadratkilometer großen Gebiet stehen Buchenwälder unter Schutz, jene Wälder also, die es in weiten Teilen Mitteleuropas geben würde, hätte der Mensch mit seinen Siedlungen und Feldern die Landschaft nicht grundlegend umgestaltet. Auf den Hochflächen recken Rotbuchen ihre Wipfel bis zu 40 Meter in die Höhe. In den trockeneren Abschnitten mischen sich Traubeneichen in den Buchenwald, an feuchteren Standorten wachsen Waldkiefer, Stieleiche und Sandbirke. Durch die Wälder schlängeln sich zahlreiche Gebirgsbäche, an deren Uferhängen schroffe Felsen aufragen. Dieses Nebeneinander von Wäldern, Bächen, Felsen und durch den Menschen geschaffenen Freiflächen bildet ein einzigartiges Mosaik voller seltener Tier- und Pflanzenarten. So erhebt sich in der Eifel der Seeadler in die Lüfte, und das Dickicht der Bäume ist ein ideales Versteck für die Wildkatze.

Wie viele andere Städtchen der Eifel auch ist Monschau idyllisch von bewaldeten Bergeshöhen umgeben (rechts). Im Ort säumen stattliche Fachwerkhäuser das Flüsschen Rur (ganz rechts). Bürgerliche Wohnkultur des 18. und 19. Jahrhunderts lässt sich im Roten Haus (großes Bild: Eingangshalle mit Freitreppe) studieren, dem Kontor und Wohnhaus des Monschauer Tuchfabrikanten Johann Heinrich Scheibler (1705–1765).

Monschau

Nachdem Aachen 1598 seine protestantischen Tuchmacher der Stadt verwiesen hatte, ließen sich viele von ihnen in Monschau nieder. Das Wasser der Rur, die heimische Schafswolle und die zahlreichen Arbeitskräfte bildeten ideale Bedingungen für das Tuchmachergewerbe. Den wirtschaftlichen Aufstieg verdankte Monschau jedoch im 18. Jahrhundert Johann Heinrich Scheibler. Als junger Mann heiratete er die verwitwete Tochter seines Lehrmeisters und übernahm die Firma des verstorbenen Gatten. Fortan importierte Scheibler feine Merinowolle aus Spanien und färbte sie nach eigenem Rezept. Damit konnten sich die Monschauer Tuche gegenüber der englischen und französischen Konkurrenz durchsetzen. Heute fügen sich die prächtigen Bauten der Tuchmacherfamilien und die zahlreichen hübschen Fachwerkhäuser zu einem malerischen Stadtbild.

Die Stauanlage Eiserbach ist lediglich ein kleiner Teil des riesigen Rursees, der ein Fassungsvermögen von mehr als 200 Millionen Kubikmetern hat (oben links). Am Zusammenfluss der nur 50 Kilometer langen Urft mit der Rur staut die 1900 bis 1905 zu Füßen des Höhenzugs Kermeter errichtete Urfttalsperre (rechts) im Obersee die Wassermassen der beiden Flüsse. Auf dem großen Bild ist die durch eine Halbinsel von der Staumauer getrennte kaskadenförmige Hochwasserentlastung zu erkennen, links davon der Obersee, rechts davon der Rursee.

TALSPERREN

Wo Berge sind, da sind auch Täler. Die meisten von ihnen werden in der Eifel von Bächen und Flüsschen durchflossen, deren Wasserkraft sich der Mensch schon seit Jahrhunderten zunutze gemacht hat. Die imposantesten Zeugen der technischen Nutzung des Eifelwassers sind heute drei Talsperren an den größeren Flüssen: die Rurtalsperre, die Urfttalsperre und die Oleftalsperre. Den Superlativ liefert die Rurtalsperre, denn nur die Bleilochtalsperre in Thüringen staut in Deutschland mehr Wasser. Auf einer Fläche von fast acht Quadratkilometern dehnt sich der Rursee aus, zu dem es Schwimmer, Segler und andere Wasserratten zieht. Ist der See vollständig aufgestaut, so erreicht er eine Länge von rund zehn Kilometern. Von den zahlreichen Freizeitsportlern werden nur die wenigsten an die eigentliche Bestimmung des Staudamms denken: Stromerzeugung und Wasserregulierung. Als die benachbarte Urfttalsperre 1905 eingeweiht wurde, galt das von ihr auf knapp über zwei Quadratkilometern gestaute Wasser als größter künstlicher See Europas. Am bescheidensten von den Talsperren der drei großen Stauseen gibt sich die Oleftalsperre, die Wanderfreunde bereits nach 13 Kilometern Fußmarsch umrundet haben. Sie stammt aus den 1950er-Jahren und ist in erster Linie ein Trinkwasserreservoir.

Fachwerkbauten gibt es in der Eifel viele, so auch in Bad Münstereifel. Eine besondere Pretiose ist jedoch die hiesige Stiftskirche, die mit ihren beiden Türmen über das Dächermeer hinausragt (rechts). Sein heutiges Aussehen erhielt das im 12. Jahrhundert erbaute Gotteshaus nach einer Sanierung im Jahr 1890. Zwei Jahrzehnte zuvor war einer der Türme eingestürzt. Im Inneren zeigt sich die Kirche eher karg (großes Bild). Ihren hohen Stellenwert verdankt sie den in ihr seit über tausend Jahren aufbewahrten Reliquien der Heiligen Chrysanthus und Daria.

Bad Münstereifel

Klöster spielen in der Geschichte von Bad Münstereifel eine wichtige Rolle, entstand der Ort doch rund um eine Klosteranlage: 830 gründete der Abt von Prüm hier ein Tochterkloster. Als 844 die Gebeine des römischen Märtyrerehepaars Chrysanthus und Daria in das Kloster gelangten, wurde dieses zu einem bedeutenden Wallfahrtsziel. Wenige Jahrzehnte später erhielt das Kloster das Markt-, Münz- und Zollrecht, rund um die Anlage entstand eine Siedlung. 400 Jahre darauf errichtete der Graf von Jülich hier eine Burg und befestigte den Ort mit einer Stadtmauer. Ab dem 17. Jahrhundert entstanden weitere Klöster der Kapuziner, Jesuiten und Karmeliterinnen. Von dieser Vergangenheit kann die Stadt immer noch zehren: Bis heute wartet Bad Münstereifel mit einer vollständigen Stadtbefestigung und einem Ensemble historischer Fachwerkbauten auf.

In alten Zeiten wurde am Torhaus der Burg Satzvey (großes Bild) nur auserwählten Besuchern Einlass in den Innenhof gewährt. Schließlich galt es über Jahrhunderte hinweg, die adeligen Bewohner vor Eindringlingen zu schützen. Heute ist dem Besitzer jeder Gast willkommen, vor allem die Ritterfestspiele locken Neugierige aus nah und fern an (Bildleiste rechts).

Burg Satzvey

Die Kulisse eines Ritterfilms könnte nicht verheißungsvoller sein als Burg Satzvey: Auf einer Insel trutzen die Gemäuer mit ihren Türmchen und Erkern. Die Burg im Städtchen Mechernich ist eine typische Wasserburg, die sich der niedere Adel ab dem 14. Jahrhundert zu Schutz- und Repräsentationszwecken errichtete. In nur zehn Jahren ließ Heinrich von Krauthausen ab 1396 das ursprüngliche Gebäude bauen. Nach zahlreichen Besitzerwechseln befindet sich Burg Satzvey seit 1944 in der Hand der Grafen Beissel von Gymnich. Heute zeigt sich das ehrwürdige Haus nicht mehr verschlossen. Im Gegenteil: Es ist ein Mittelpunkt des kulturellen Lebens der Region. Besucher wohnen dort sowohl den seit 1981 abgehaltenen Ritterspielen bei als auch Theateraufführungen und Konzerten. Romantischer Abschluss des Jahres ist der traditionelle Weihnachtsmarkt.

Mit ihrem über hundert Jahre alten Kurhaus hat die Kreisstadt Bad Neuenahr-Ahrweiler ein würdiges Aushängeschild vorzuweisen, das auf seine Tradition als Kurort aufmerksam macht. Heute residiert dort ein Spielcasino (rechts). Zwischen bewaldeten Hügeln eingebettet ist Altenahr. Über der Stadt thront die Ruine von Burg Are aus dem 12. Jahrhundert (unten rechts). Zwischen den beiden bekanntesten Gemeinden des Ahrtals liegt der idyllische Weinort Mayschoß, der vom Rotweinwanderweg aus zu bewundern ist (großes Bild).

Bad Neuenahr-Ahrweiler, Altenahr

Wer das Ahrtal mit seinen Wanderrouten und Weinbergen erkunden möchte, wird nicht an Bad Neuenahr-Ahrweiler im Osten und Altenahr im Westen vorbeikommen. Die meisten Besucher starten ihre Tour im Kurort, der nur rund zehn Kilometer von der Mündung der Ahr in den Rhein entfernt liegt. Bad Neuenahr wird von den typischen Einrichtungen eines Heilbads geprägt, von denen viele aus der Blütezeit des Orts an der Wende vom 19. zum 20. Jahrhundert stammen. Dagegen punktet Ahrweiler nicht mit Kliniken, Villen und Hotels, sondern mit seiner Altstadt. Die Fachwerkhäuser präsentieren sich liebevoll restauriert, die Stadtmauer aus dem Mittelalter zeigt sich gut erhalten. Stromaufwärts liegt Altenahr, wo knapp 2000 Menschen zu Hause sind. Der Ort entwickelte sich am Fuß der Burg Are, von der nur noch eine Ruine übrig geblieben ist.

Für Rotweinliebhaber ist die Ahr ein Paradies, das in seinen Ausmaßen überschaubar bleibt. Auf den 35 Kilometern des Rotweinwanderwegs findet der Weinkenner, was das Herz begehrt: Nicht nur während der Sommersaison können die Reben dort hautnah an den Hängen erlebt werden (rechts). Auch bei der herbstlichen Lese (Bildleiste links) kann man den Winzern und ihren Helfern bei der Arbeit zusehen. Zur Stärkung nach der Wanderung stehen in vielen Restaurants und Weinstuben die lokalen Rotweine zur Weinprobe bereit (großes Bild, oben rechts).

ROTWEIN VON DER AHR

Wein aus der Eifel bedeutet Wein von der Ahr, einem der kleinsten Weinbaugebiete Deutschlands. Während sich in Rheinhessen, Deutschlands größter Weinbauregion, rund 26 000 Hektar Rebfläche finden, sind es an der Ahr gerade einmal knapp 550 Hektar. Aber die haben es in sich. Zu über 80 Prozent bauen die Winzer Rotweinsorten an, die Tafelweine werden unter der Bezeichnung »Rhein Mosel (Bereich Rhein)« vermarktet, die Landweine kommen als »Ahrtaler Landwein« in den Handel. Wahrscheinlich kultivierten bereits die Römer um Christi Geburt Reben an der Ahr. Seit dem 8. Jahrhundert ist der Weinbau belegt, Rotwein taucht allerdings erst im 17. Jahrhundert auf. Dass so weit nördlich überhaupt Wein produziert werden kann, ist besonderen Umständen zu verdanken: Die Nähe zum Rhein bedeutet im Vergleich zu anderen Regionen eine relative Wärme. Außerdem halten Eifel und Hohes Venn den Regen ab. So kann der Wein an den Hängen der geschützten Flussschleifen gut gedeihen. Anfangs bevorzugten die Winzer den Blauen Portugieser, der mittlerweile vom Spätburgunder auf den zweiten Rang verdrängt wurde. Beide Sorten zusammen beanspruchen mehr als zwei Drittel der Anbaufläche für sich. Der Rest entfällt auf Frühburgunder, Dornfelder, Domina, Regent, Dunkelfelder und Rotberger.

Die herrlichsten Kirchenbauten der Romanik erheben sich meist in großen Städten. Eine Ausnahme bildet die Benediktinerabtei Maria Laach, deren Größe in der ländlichen Umgebung besonders eindrucksvoll zur Geltung kommt (großes Bild). Die Kunstfertigkeit der romanischen Baumeister der Abtei zeigt sich in besonderer Weise beim »Paradies«, im Kreuzgang, im Hauptschiff und in der Krypta (Bildleiste, von oben nach unten). Nur wenige Meter entfernt liegt der Laacher See, das Ergebnis eines Vulkanausbruchs vor rund 11 000 Jahren (rechts).

Laacher See, Benediktinerabtei Maria Laach

Vor rund 11 000 Jahren kam es in der Vulkaneifel zu einem gewaltigen Vulkanausbruch, der das Rheintal mit mehreren Metern Bims bedeckte. Durch die Explosion brach der Kessel des heutigen Laacher Sees ein. Im Jahr 1093 stifteten der Pfalzgraf Heinrich II. von Laach und seine Frau Adelheid eine Klosteranlage am Ufer dieses Sees. Beim Bau der Abtei wurden die Vulkangesteine der Umgebung verwendet. Die aus graugelbem Tuffstein aufgebaute Fassade wird durch Mauerblenden und Bogenfriese aus dunklem Lavagestein gegliedert. Schon der Eingang in die auch als Laacher Münster bezeichnete Klosterkirche verspricht nur Gutes, wird doch die Säulenvorhalle an der Westfassade als »Paradies« bezeichnet. Sechs Türme thronen auf der dreischiffigen Pfeilerbasilika, die als eines der schönsten romanischen Bauwerke Deutschlands gilt.

Wer genau hinschaut, kommt in der Eifel dem Vulkanismus auf die Spur, wie etwa bei diesen Basaltwänden (großes Bild). Mit 60 Metern Höhe ist der Geysir von Andernach der weltweit höchste Kaltwassergeysir (unten links). Das Vulkanmuseum Lava-Dome in Mendig dokumentiert auf 700 Quadratmetern die explosive Vergangenheit der Region (Bildleiste rechts).

VULKANISMUS

Mit Vulkanen assoziiert man meist rauchende Berge und zerstörte Landschaften wie etwa am Mount St. Helens in den USA oder am italienischen Vesuv. Doch auch in der Eifel liegen ausgedehnte Vulkanlandschaften. Vor rund 30 Millionen Jahren stieg hier glutflüssiges Magma aus der Tiefe empor und floss in dampfenden Lavaströmen von riesigen Vulkanen herab. Beim allmählichen Abkühlen der Lava bildeten sich sechseckige Säulen aus dunklem Basalt. Kühlte sich die Lava dagegen rasch ab, wurden Gase und Dämpfe eingeschlossen, und es entstand der leichte Bimsstein. Der Abbau von Vulkangestein hatte für die Bewohner der Eifel stets große wirtschaftliche Bedeutung. Vulkanisches Material gibt es in Hülle und Fülle: Zwei riesige Vulkanfelder mit rund 400 Vulkanen zeugen von der bewegten Vergangenheit der Region. Auch die Hohe Acht, mit 747 Metern der höchste Gipfel der Eifel, ist nichts weiter als der Rest eines stark verwitterten Vulkans. Zu diesen alten Formen gesellen sich junge Vulkane, durch deren Explosionen die Maare einst entstanden sind. Auch heute noch schlummert tief unter der Eifel heißes Magma. Kohlensäure, die aus dem Magma aufsteigt, wird vom Grundwasser aufgenommen. Wo das Wasser an die Oberfläche tritt, findet es als »Sprudelwasser« Verwendung.

Die Genovevaburg ist nur ein Teil der mittelalterlichen Befestigungsanlagen von Mayen, zu denen auch das Obertor gehört (unten links). Etwas nordwestlich von Mayen thront auf einer Felsrippe im Nettetal Schloss Bürresheim (großes Bild und rechts). Die nie zerstörte Anlage bestand ursprünglich aus zwei voneinander getrennten Teilen, der Kölner Burg und dem Trierer Schloss. Innen zeugen Möbel aus der Zeit vom 15. bis zum 19. Jahrhundert von rheinischer Adels- und Wohnkultur. Auf der Südwestseite erstreckt sich ein terrassierter Barockgarten.

Mayen, Schloss Bürresheim

Für Gäste, die vom Rhein aus anreisen, gilt die Stadt Mayen als Tor zur Eifel. Nur wenige Kilometer östlich davon erheben sich die Gipfel der Hohen Eifel. Die Stadt blickt auf eine lange Geschichte zurück, die bis in die Römerzeit zurückreicht. Das Stadtrecht wurde ihr allerdings erst 1291 verliehen. Aus dieser Epoche stammt auch Mayens Hauptsehenswürdigkeit, die Genovevaburg. Bis 1689 blieb sie unzerstört, danach wurde sie mit barocken Elementen wieder aufgebaut. Heute lockt das Gemäuer mit Burgfestspielen, dem Eifelmuseum und dem Deutschen Schieferbergwerk. Unweit von Mayen, im Tal der Nette, erhebt sich das Schloss Bürresheim. Das Bauwerk aus dem 12. Jahrhundert wurde niemals zerstört und präsentiert sich nach Umbauten und Erweiterungen heute so, wie es bereits Besucher im 15. Jahrhundert bewundern konnten.

Die Eifel ist die Heimat einer artenreichen Fauna und Flora. Zu den hier lebenden großen Säugetieren zählen der Rothirsch (großes Bild) und das Wildschwein (Bildleiste Mitte). Die Vögel sind mit Waldkauz (unten rechts), Lachmöwe und Haubentaucher vertreten (Bildleiste oben und unten). Besonders prächtige Orchideen sind die Violette Stendelwurz und die Langhörnige Bienenragwurz (Bildleiste rechts).

VON TIEREN UND ORCHIDEEN

Von jeher waren die vielfältigen Landschaften der Eifel Lebensraum für eine Fülle von Tieren und Pflanzen. Je mehr sich der Mensch das Mittelgebirge erschlossen hat, desto geringer wurden die Lebenschancen für die Flora und Fauna, die ungestörte und zusammenhängende Wälder als Rückzugsraum benötigt. Im Jahr 2004 wurde mit der Eröffnung des Nationalparks Eifel ein deutliches Zeichen gesetzt. Mit seinen 110 Quadratkilometern verfügt er über ausreichend Fläche, um den ursprünglichen Bewohnern ein angemessenes Refugium zu bieten. Diese sind zahlreich: So findet sich in der Eifel etwa noch die scheue Wildkatze, die von Besuchern nur selten erblickt wird. Bessere Chancen bestehen bei der Suche nach dem Rothirsch. Genau hinsehen müssen Neugierige dagegen, wenn sie auf der Pirsch nach Ringelnatter oder Mauereidechse sind. Zu den auffälligsten Tieren der Luft gehört der Schwarzstorch, aber auch die Blauflügelprachtlibelle kann sich sehen lassen. Im Grün und Braun der Wälder fallen besonders die bunten Tupfer der Orchideen auf. Nicht nur ihre Farbenpracht bringt einen Hauch von Exotik in die Eifel. Auch ihre Namen klingen vielversprechend: Frauenschuh, Sumpfsitter, Fleischfarbenes Knabenkraut und Waldhyazinthe sind nur einige der Arten, die hier wachsen.

Wohin das Auge in Monreal auch schweift, erblickt man fast nur Fachwerkhäuser (großes Bild und Bildleiste rechts). Hoch über dem vom Elzbach durchflossenen idyllischen Ort thront die Ruine der mittelalterlichen Löwenburg (unten links). Auf der mittleren der drei Elzbachbrücken wacht die Statue des heiligen Johannes von Nepomuk (unten rechts).

Monreal

Die kleine Gemeinde Monreal schmückt sich mit einem Namen, der aus dem Französischen stammt und nichts anderes als Königsberg bedeutet. Unter genau dieser Bezeichnung (Cunisberch) taucht der Flecken im Tal des Elzbaches auf einer Urkunde von 1193 erstmals aus dem Dunkel der Geschichte auf. Nicht einmal 1000 Einwohner leben in den Straßen und Gassen, die von fürsorglich herausgeputzten Fachwerkhäusern gesäumt sind. Besonders dort, wo der Elzbach mitten durch den Ort fließt, fühlt man sich in eine verwunschene Märchenzeit versetzt. Bestärkt wird das Gefühl durch die beiden Burgen, die von oben auf die Dachlandschaft blicken: die Löwenburg und die Philippsburg. Die Bürger von Monreal ruhen sich nicht auf ihrer Vergangenheit aus. Im Gegenteil: 2004 gewannen sie im bundesweiten Wettbewerb »Unser Dorf hat Zukunft«.

Eifel | **Eifel, Mosel, Mittelrhein** 33

Das Zentrum von Adenau bildet der Markt, der mit schindelgedeckten und Fachwerkhäusern zum Verweilen einlädt (großes Bild). Die schönsten Häuser des Bauensembles stehen unter Denkmalschutz. Ganz links am äußersten Bildrand ist noch ein Teil des historischen Hauses »Blaue Ecke« zu erkennen, das heute als Hotel genutzt wird. Der wuchtige Fachwerkbau mit den drei vorkragenden Geschossen rechts im Bild – »Haus Stein« genannt – stammt aus dem Jahr 1630. Nur mehr als Ruine ist die Nürburg im Südosten von Adenau erhalten geblieben (rechts).

Hohe Eifel, Adenau, Nürburg

Die Hohe Eifel hat ihre Bezeichnung nicht zufällig erhalten: Mit dem 747 Meter hohen Gipfel Hohe Acht befindet sich dort die mächtigste Erhebung des Mittelgebirges. Darüber hinaus gibt es hier eine Reihe weiterer Berge, die über 600 Meter hoch sind. Auf einem von ihnen thront die Nürburg, der die nahe liegende Gemeinde ihren Namen verdankt. An der Burg selbst wurde vom 12. bis zum 15. Jahrhundert gebaut. Danach verfiel sie und wurde als Steinbruch benutzt. Geblieben ist eine Ruine, die immer wieder restauriert wurde. Wenige Kilometer nordwestlich liegt das Städtchen Adenau. Seine Bedeutung erhielt es durch die Johanniter, die dort 1162 ihre dritte Niederlassung in Deutschland gründeten. An diese Zeit erinnert die Johanniter-Komturei. Zusammen mit anderen älteren Bauten bildet sie das historische Zentrum von Adenau.

Bei den Grand-Prix-Rennen auf dem Nürburgring liefern sich die Fahrer der Formel 1 immer wieder packende Duelle (großes Bild und rechts). Einer der erfolgreichsten Piloten ist der Finne Kimi Räikkönen (unten links), der 2007 für den italienischen Rennstall Ferrari startete und Weltmeister wurde. Obwohl er 2007 am Nürburgring von der »Pole Position« aus startete, musste er aufgeben.

NÜRBURGRING

Ob es die berühmteste Rennstrecke der Welt ist, mag dahingestellt sein. Vielen Rennsportfans gilt sie als die schönste, vielleicht auch die schwierigste: der Nürburgring. 1927 entstand in der abgelegenen Wildnis der Eifel im Rahmen eines Arbeitsbeschaffungsprogramms diese Piste, wegen der waldreichen Umgebung auch »grüne Hölle« genannt. Ihren offiziellen Namen hat die Rennstrecke von der mittelalterlichen Nürburg, die wie die Dörfer Quiddelbach, Herschbroich und Breidscheid im inneren Bereich der Nordschleife liegt.

Ihren Ruhm verdankt die Grand-Prix-Piste den Triumphen und Tragödien, die sich hier abspielten. So verunglückte hier 1954 der Argentinier Onofre Marimón tödlich, 1976 hatte Niki Lauda hier seinen beinahe tödlichen Feuerunfall. Für den modernen Formel-1-Rennsport war die Strecke jedoch zu lang, zu gefällereich und zu naturnah. Die Formel 1 ging 1977 nach Hockenheim und kehrte erst 1984 und 1985 bzw. ab 1996 auf den auf rund fünf Kilometer verkürzten neuen Nürburgring zurück (seit 2007 im jährlichen Wechsel mit dem Hockenheimring). Die moderne Grand-Prix-Strecke kann mit der alten Nordschleife zu rund 25 Kilometer langen Varianten kombiniert werden – so bei den 24-Stunden-Rennen. Und am Pfingstwochenende strömen Tausende zum Musikfestival »Rock am Ring«.

Eingebettet in eine waldreiche Hügellandschaft liegt Blankenheim, dessen Häuserlandschaft vom Turm der Kirche St. Mariä Himmelfahrt und von einer Burg überragt wird (großes Bild). Burg Blankenheim hat eine wechselvolle Geschichte hinter sich: Bis zum 18. Jahrhundert wurde sie immer wieder erweitert, dann von napoleonischen Truppen zerstört und ab 1927 wiederaufgebaut. Kronenburg verdankt seinen Namen der gleichnamigen Burg, von der nur noch Ruinen erhalten sind. Der Kirchturm von St. Johann Baptist war ursprünglich auch Wehrturm (rechts).

Blankenheim, Kronenburg

Manche Flüsse kommen nobel zur Welt: Die Ahr entspringt in einem 1726 eigens für sie errichteten Quellhaus im Zentrum von Blankenheim. Von dort aus fließt sie in einem Kanal unterhalb der Altstadt ihren Weinbergen entgegen. Oberhalb des Ortes erheben sich die Reste der einst mächtigen Burg Blankenheim. Als sie im 12. Jahrhundert errichtet wurde, gab es das Örtchen an der Ahrquelle bereits seit über 400 Jahren.

Auch Kronenburg wird von einer Burg beherrscht, doch entstand die gleichnamige Siedlung im 12. Jahrhundert erst nach dem Bau der Burg. Durch seine Zugehörigkeit zu Luxemburg – und damit zum Reich des spanischen Königs Philipp II. – wurde Kronenburg 1555 vorübergehend zu einer spanischen Exklave mitten in der Eifel. Aus dieser Zeit stammt die noch heute verwendete Bezeichnung »Spanisches Ländchen«.

Steile Kalksteinfelsen (rechts oben) und die stille Flusslandschaft der Kyll (rechts unten) – so präsentiert sich hier die Umgebung von Gerolstein. Die Lage am Fluss war von jeher attraktiv, und so finden sich in der Region viele alte Siedlungsspuren. Im nördlichen Bitburger Land liegt Kyllburg (großes Bild). Sehenswert sind auch die Ruine der Kasselburg bei Pelm und die Zisterzienserinnenkirche St. Thomas im gleichnamigen Ort (Bildleiste rechts).

Kyll, Gerolstein

Als Kaiser Ludwig der Bayer 1336 Gerolstein die Stadtrechte verlieh, bauten die Gerolsteiner den Ort zu einer Festung aus. Über den Häusern thronte die mächtige Löwenburg, auch Burg Gerhardstein genannt. Sie wurde bereits 1115 in einer Urkunde des Stiftes Münstereifel erwähnt, als Gerhard von Blankenheim seinen Herrschaftssitz hierhin verlegte. Bis heute erheben sich die Reste der Burg auf einem Felsplateau, das nach drei Seiten steil ins Tal der Kyll abfällt. Dieser längste Fluss der Eifel schlängelt sich auf 142 Kilometern von der deutsch-belgischen Grenze durch das gesamte Mittelgebirge, um nur kurz hinter Trier in die Mosel zu münden. Noch berühmter als das Wasser der Kyll ist das mineralreiche Wasser von Gerolstein. Das Vulkanwasser wussten schon die Kelten und Römern zu schätzen; es wird seit 1724 kommerziell genutzt.

Die Ruhe und Beschaulichkeit, die von den Eifelmaaren ausgeht, lässt kaum etwas von ihrer explosiven vulkanischen Vergangenheit ahnen. Am bekanntesten unter ihnen sind wohl die Dauner Maare, zu denen auch das bis zu 21 Meter tiefe Schalkenmehrener Maar (großes Bild) sowie das Weinfelder Maar (kleine Bilder) zählen. Die Einheimischen hatten schon immer Respekt vor dem geheimnisvollen, rund 16 Hektar großen Gewässer, dessen Boden 51 Meter unter der Wasseroberfläche liegt. Im Volksmund wird es auch Totenmaar genannt.

MAARE

Vom Weltall aus erscheinen die mehr als 50 Maare der Eifel wie glotzende Augen. Stille, bewegungslose Seen füllen die oft kreisrunden Vertiefungen, die von Kraterwällen umgeben werden. Doch die heute so idyllisch anmutende Landschaft mit ihren »Augen der Ewigkeit« hat einen höchst explosiven Ursprung: Aufsteigendes glutheißes Magma kam hier kurz unter der Erdoberfläche in Kontakt mit Grundwasser. Das dadurch schlagartig verdampfende Wasser löste gewaltige Gasexplosionen aus. Durch deren Sprengkräfte wurde das Gestein der Umgebung in die Höhe gerissen und vermischte sich mit der hochgeschleuderten Lava. Anschließend lagerte sich das Material ringförmig um die Explosionsstelle ab. Dabei bildeten sich jene gewaltigen Kraterwälle, die die Maare heute umgeben. Das Wasser, das sich heute in den Maaren befindet, hat dagegen nichts mit Vulkanismus zu tun: Es ist lediglich Regenwasser, das sich in den abflusslosen Vertiefungen angesammelt hat. Die letzten Vulkanausbrüche dieser Art sind gerade einmal 10 000 Jahre her – nichts weiter als ein Wimpernschlag auf der geologischen Zeitskala. So warnen einige Geologen auch davor, dass das Kapitel Vulkanismus in der Eifel noch lange nicht abgeschlossen ist und es jederzeit zu neuen Ausbrüchen kommen kann.

Die St.-Salvator-Basilika, einst Klosterkirche der Abtei von Prüm, wurde ab 1721 weitgehend im Stil des Barocks neu errichtet (kleines Bild unten). Sie ist Grablege Kaiser Lothars I., der zuletzt in Prüm als Mönch gelebt hatte. Ein Reliquiar birgt die Reliquien der Heiligen Drei Ärzte Marius (mit seiner Frau Martha), Abakuck und Audifax. Es hat die Form eines gotischen Hauses und besteht aus sechs Figurengruppen eines Passionsaltars (unten). In der Umgebung von Prüm erhebt sich der »Schwarze Mann« als bewaldete Kuppe über die Landschaft der Schneifel (rechts).

Schneifel, Prüm

Anders als die südlich und östlich gelegenen Regionen der Eifel fällt die Schneifel nicht durch markante Gipfel auf. Das Gebiet an der Grenze zu Belgien kann dennoch mit dem dritthöchsten Berg der Eifel aufwarten: Der »Schwarze Mann« bringt es auf stolze 697 Meter Meereshöhe. Oft wird die Schneifel fälschlich als Schnee-Eifel bezeichnet. Dabei geht der Name auf das Wort Schneise zurück. Die Wintersportler können sich in der kalten Jahreszeit trotzdem über eine sichere Schneedecke freuen. Am Fuß der Schneifel liegt der Ort Prüm, in dem zwei Kirchenbauten von Interesse sind. Das heutige Gebäude der 721 gegründeten Abtei wurde im 18. Jahrhundert nach Plänen des berühmten Barockarchitekten Balthasar Neumann gestaltet. In der St.-Salvator-Basilika wird seit dem 8. Jahrhundert eine besondere Reliquie verwahrt: Teile der Sandalen Christi.

Eifel | **Eifel, Mosel, Mittelrhein**

Eine Burg lässt sich am besten erleben, indem man in ihr wohnt. Wie gut, dass die Zeiten der Ritter, Fürsten und Grafen vorbei sind und zahlreiche Eifeler Burgen von jedermann erkundet werden können. So stehen in der Bertradaburg in Mürlenbach Ferienwohnungen bereit (großes Bild). In der Heimbacher Burg Hengebach sind nur Hof samt Wehrgang und Burgfried für das Publikum geöffnet (kleines Bild unten). Lebhafter geht es auf Burg Blankenheim zu, die als Jugendherberge von vielen Übernachtungsgästen frequentiert wird (rechts).

BURGEN IN DER EIFEL

In kaum einer anderen Gegend Deutschlands stehen auf engstem Raum so viele Burgen wie in der Eifel. Der Grund dafür liegt weit zurück: Nach der Christianisierung und der Gründung der drei großen Klöster Stablo-Malmedy (650), Echternach (698) und Prüm (721) richteten die Karolinger rund 40 Königsgüter in der Eifel ein. Doch mit dem Zerfall des Karolingerreiches und der Eingliederung in das fränkische Ostreich im Jahr 925 löste sich die karolingische Gaueinteilung auf. Die Gaugrafen betrachteten das ihnen zur Verwaltung überlassene Gebiet fortan als ihr Eigentum. Gewaltsame Auseinandersetzungen zersplitterten das einstige Hoheitsgebiet der Karolinger, neue Grafschaften entstanden. Unter diesen Umständen sicherten die Grafen und Edelherren ihre Besitztümer durch Stadtmauern und Bastionen. Allein im 11. und 12. Jahrhundert wurden in der Eifel rund 140 Burgen errichtet. Zu diesen reinen Verteidigungsanlagen gesellten sich ab dem 14. Jahrhundert repräsentative Wasserburgen wie Burg Satzvey. Die meisten der Gemäuer sind im Laufe der Zeit verfallen oder wurden zerstört, manche Anlagen wie Burg Monschau und Burg Hengebach wurden neu aufgebaut. Einige der alten Burgen dienen heute als Jugendherbergen oder liefern die Kulisse für Konzerte und Ritterfestspiele.

Das Bitburger Land nordwestlich von Trier entfaltet zu jeder Jahreszeit seinen eigenen Reiz. Während der Obstbaumblüte präsentiert sich die Flora in ihrer schönsten Pracht (großes Bild). Der Sommer lockt vor allem Wanderfreunde und kulturell interessierte Gäste, die etwa einen archäologischen Rundweg, einen Gewässerlehrpfad oder auch einen natur- und kulturhistorischen Lehrpfad meistern können. Und der Herbst hält melancholische Momente bereit – auch in Bitburg selbst, so etwa im Garten des ehemaligen Schlösschens der Stadt (rechts).

Bitburg, Bitburger Land

Manche Orte verdanken ihre Existenz ihrer verkehrsgünstigen Lage. So auch Bitburg, das vor 2000 Jahren als Zwischenstation an der römischen Straße von Lyon nach Köln entstand. Um 330 wurde es zu einem römischen Straßenkastell ausgebaut, doch es sollte fast ein Jahrtausend vergehen, bis Bitburg 1262 die Stadtrechte erhielt. Nachdem die Stadt unter luxemburgischer, burgundischer und spanischer Herrschaft gestanden hatte, kam sie Ende des 18. Jahrhunderts unter französische und anschließend unter preußische Verwaltung. Im Zweiten Weltkrieg wurde Bitburg fast vollständig zerstört. Heute ist der Name der Stadt nicht nur mit einer Brauerei, sondern auch mit einem internationalen Folklorefestival eng verknüpft. Umgeben wird Bitburg vom reizvollen Bitburger Land mit hübschen Gehöften und eindrucksvoller Landschaft.

Eher bescheiden, aber dennoch beeindruckend präsentiert sich nahe dem Ort Irrel an der Grenze zu Luxemburg die wilde Natur. Kein Geringerer als der Satan selbst konnte in den Augen der Menschen für die Wildnis verantwortlich sein, sodass sie den Namen »Teufelsschlucht« wählten (großes Bild). Mitten im Wald eröffnet sich diese verwunschene Landschaft, durchflossen wird sie von der Prüm (unten rechts). Kulturtouristen zieht hingegen das Barockschloss Weilerbach bei Bollendorf an, das der Abt von Echternach als Sommerresidenz errichten ließ (rechts).

Irrel, Bollendorf

Die Gegend um Irrel und Bollendorf war bis ins 20. Jahrhundert hinein von Armut geprägt. Haupterwerbszweig war eine bescheidene Landwirtschaft auf kargen Böden. Die Bewohner von Bollendorf fanden darüber hinaus ihr Auskommen in einer nahegelegenen Eisenhütte. Doch die Gegend birgt einen Reichtum wie kaum ein anderer Ort in der Eifel: Das Ferschweiler Plateau, an dem diese beiden Orte liegen, ist ein Eldorado für Steinzeitforscher. Bemerkenswert sind die Funde von großen, behauenen Steinen wie das Fraubillenkreuz und der Druidenstein. Außer auf prähistorische Fundstätten trifft man hier auch auf zahlreiche Reste der gallo-römischen Besiedlung. Auch landschaftlich hat die Gegend einiges zu bieten: Kurz vor Irrel durchbricht die Prüm in einer etwa zwei Kilometer langen, mit Stromschnellen durchsetzten Schlucht ein Sandsteinmassiv.

Eifel | Eifel, Mosel, Mittelrhein

Ein Plüschsessel unter einer alten Stehlampe (großes Bild: in der Krimi-Bibliothek des Eifel-Krimiautoren Ralf Kramp) – für den Krimifan fehlt dann nur noch ein Buch von Ralf Kramp oder Jacques Berndorf, um glücklich zu sein (unten rechts). Mit Titeln wie »Mond über der Eifel« oder »Eifel-Sturm« ist der Bezug zur Region gesichert. Carla Viebig (rechts) hatte in »Das Weiberdorf« soziale Missstände angeprangert. Auch Alfred Andersch (ganz rechts) war der Eifel verbunden. In seinem Roman »Winterspelt« verewigte er das Dorf Rommersheim bei Prüm.

DIE EIFEL LITERARISCH

Düstere Wälder, abgelegene Dörfer und furchteinflößende Ruinen – die Eifel bietet die perfekte Umgebung für grausame Morde und Verbrechen! Was dem Reporter Siggi Baumeister so alles in der Eifel begegnet, können Krimifans in den Büchern von Jacques Berndorf (* 1936) verfolgen. Berndorf, der mit bürgerlichem Namen Michael Preute heißt und Journalist ist, hat der Gegend mit seinen Eifel-Krimis zu unerwartetem Ruhm verholfen. Andere Krimiautoren wie Ralf Kramp lassen ihre Protagonisten heute ebenfalls in der Eifel ermitteln. Mit »Tatort Eifel« widmet sich sogar ein eigenes Festival dem neuen Genre. Krimifans können auf dem »Eifel-Krimi-Wanderweg« den Spuren der Ermittler folgen oder an einem »Krimi-Wochenende in der Eifel« selber grausige Verbrechen aufklären.

Die Eifel als Schauplatz für Geschichten und Erzählungen hatte Carla Viebig (1860 bis 1952) bereits Ende des 19. Jahrhunderts für sich entdeckt. Im Jahr 1900 sorgte die Erzählerin mit dem naturalistischen Roman »Das Weiberdorf« für einen handfesten Skandal. Die katholische Kirche setzte das Werk auf den Index. Viebig erzählt in ihrem Roman die Geschichte eines Eifeldorfes und seiner »unerhörten« Frauen, deren Männer sich fern der Heimat als Arbeiter in den Stahlwerken des Ruhrgebiets verdingen müssen.

Mit dem Schiff ist das Moseltal am schönsten zu erkunden. Gemächlich lässt man die Landschaft Revue passieren, wenn der Fluss zwischen Weinbergen seiner Mündung entgegenmäandert – wie hier an der Moselschleife bei Bremm, die von der steilen Weinlage des Bremmer Calmont gesäumt wird (großes Bild). In Cochem hat sich eine ganze Flotte von Fahrgastschiffen eingefunden (unten links).

MOSEL

Die Mosel ist mehr als nur ein Fluss. Hört man den Namen, so tauchen unwillkürlich Bilder vor dem geistigen Auge auf – Moselschleifen, steile Weinlagen, fachwerkgespickte Winzerorte. So manche Burgruine oberhalb des Tals oder die weißen Ausflugsschiffe wirken wie hingetupfte Farbkleckse auf einem Ölgemälde. Den Reiz dieser romantischen Flusslandschaft haben vor zwei Jahrtausenden bereits die Römer für sich entdeckt. Ihren Spuren begegnet man überall. All das lohnt einen Besuch, nein: viele Besuche.

Die Porta Nigra erhielt ihren Namen (»Schwarzes Tor«) von der dunklen Verfärbung ihres verwitterten Sandsteins (großes Bild). Das 30 Meter hohe Bauwerk ist eine der massigsten römischen Hinterlassenschaften nördlich der Alpen. Der Blick durch den Torbogen (rechts) geht Richtung Innenstadt mit dem Hauptmarkt und der Kirche St. Gangolf als eindrucksvollem Zentrum (ganz rechts).

Trier: Porta Nigra und Hauptmarkt

Wie einige andere Städte auch beansprucht Trier, die älteste Stadt Deutschlands zu sein. Dieser Superlativ ist umstritten, aber zumindest unter den römischen Stadtgründungen des Landes war Trier die erste: 16 v. Chr. entstand es als »Augusta Treverorum«. Das am deutlichsten sichtbare Zeugnis der antiken Epoche ist die Porta Nigra. Das ehemalige Stadttor entstand um das Jahr 180 und wurde 1986 zusammen mit den anderen Römerbauten – Kaiser- und Barbarathermen, Amphitheater, Römerbrücke, Igeler Säule – und deren christlichen Nachfolgebauten (Dom, Basilika, Liebfrauenkirche) zum UNESCO-Weltkulturerbe erklärt. Den Kern des mittelalterlichen Trier bildet der Hauptmarkt mit einem ganzen Ensemble historischer Architekturstile. Die Steipe sticht dabei besonders hervor. Das 1483 eingeweihte Haus diente dem Stadtrat zu Repräsentationszwecken.

Die nächtliche Beleuchtung des Trierer Doms regt die Fantasie des Betrachters besonders an (kleines Bild unten). Über viele Jahrhunderte hinweg können die Gedanken in die Vergangenheit schweifen, bis zum Baubeginn im 4. Jahrhundert. 1974 bekam der Dom eine neue Orgel. Da sie oberhalb der Kanzel an der Wand hängt, wird sie als Schwalbennestorgel bezeichnet (großes Bild). Die gigantischen Dimensionen der Basilika treten im Vergleich mit dem auch nicht gerade kleinen Kurfürstlichen Palais im Stil des Rokoko und Renaissance markant zutage (rechts).

Trier: Dom und Basilika

Altehrwürdig sind sie beide: Triers größte Gotteshäuser, der Dom und die Basilika. Die Baugeschichte der Hohen Domkirche St. Peter begann im Jahr 340, ihr grundlegend romanisches Aussehen erhielt sie bis 1121, als der Westchor geweiht wurde. Seit dieser Zeit wurde das Gotteshaus immer wieder erweitert. So wurden im 14. und 16. Jahrhundert drei Türme aufgestockt; der Dom sollte damit aus dem Schatten der benachbarten Kirche St. Gangolf treten. Die Basilika wird erst seit 1856 als evangelisches Gotteshaus genutzt. Das ursprünglich mit Marmor ausgekleidete Gebäude ist die ehemalige Empfangshalle (Aula Palatina) des römischen Kaisers Constantius I. (reg. 293–306) und seiner Nachfolger, die zeitweilig in Trier residierten. Mit 33 Meter Höhe und 67 Meter Länge ist es der größte heute noch intakte Einzelraum aus antiken Zeiten.

Die Basilika von Trier ist nicht von ungefähr pompös. Errichtet wurde sie als Empfangshalle des römischen Kaisers Constantius I. (großes Bild). Das Mosaik von Nennig wurde 1852 entdeckt und gilt als das besterhaltene aus römischen Zeiten nördlich der Alpen (rechts). Zum reichen Trierer Schatz aus antiker Zeit gehören die Kaiserthermen (Bildleiste oben und Mitte) sowie das Neumagener Weinschiff (Bildleiste unten). Die Steinskulptur war das Grabmal eines Weinhändlers und bezeugt somit auch die lange Tradition des Weinbaus in der Region.

DIE STRASSE DER RÖMER

Es war Julius Caesar, der die Römer während des Gallischen Krieges (58–51 v. Chr.) erstmals in das Gebiet des heutigen Deutschlands führte. Kaiser Augustus unternahm später mehrere Feldzüge. In dieser Zeit waren nur sporadisch römische Truppen im damaligen Germanien unterwegs, eine dauerhafte zivile Besiedlung folgte erst Jahrzehnte später. Aus dieser Epoche gibt es zahlreiche Zeugnisse entlang der Mosel. Historisch Interessierte können sich auf der »Straße der Römer« entlang der Mosel auf Spurensuche begeben. Zu entdecken gibt es beispielsweise die Villa Rustica in Winningen, die in einen Autobahnrastplatz integriert wurde. Sehenswert sind auch die teilweise rekonstruierte Tempelanlage Martberg und das Kupferbergwerk Pützlöcher, aus dem später die Steine für die Porta Nigra in Trier gebrochen wurden. Neben diesem ehemaligen Stadttor finden sich in Trier weitere architektonische Höhepunkte der römischen Epoche: das Amphitheater mit Platz für 20 000 Zuschauer, die später als Steinbruch missbrauchten Barbarathermen, die Kaiserthermen, die auf das 4. Jahrhundert zurückgehende Basilika, die Römerbrücke als älteste Brücke des Landes sowie der Dom mit seinem antiken Kern. Ein weiteres bedeutendes römisches Monument ist die Igeler Säule, ein Pfeilergrabmal nahe Trier.

Ohne Weinbau ist Bernkastel-Kues nicht denkbar – und so schieben sich beim Panoramablick auf die Doppelgemeinde aus jeder Perspektive Rebstöcke in den Vordergrund (rechts). Wein wird hier auf insgesamt über 5800 Hektar kultiviert, überwiegend auf Steilhängen. Seit rund einem Jahrtausend können die Bewohner im Tal zur Burg Landshut aufblicken. Das genaue Baudatum und die Zahl der Vorgängerbauten sind unbekannt. Der heutige Bau stammt aus dem 13. Jahrhundert und ist seit dem späten 17. Jahrhundert nur noch eine Ruine (großes Bild).

Bernkastel-Kues

Seit der Geheimrat Julius Wegeler im Jahr 1900 für eine Weinparzelle am Bernkasteler Doctorberg 100 Goldmark pro Rebstock zahlte, gilt der Weinberg oberhalb des Doppelstädtchens Bernkastel-Kues als der teuerste Deutschlands. Einer Legende nach soll der Rebensaft aus der berühmten Weinlage den fiebernden Trierer Erzbischof Boemund II. (um 1290–1367) bei seinem Aufenthalt auf Burg Landshut geheilt haben, woraufhin der Kirchenmann dem »wahren Doctor« seinen Namen verlieh. Burg Landshut thronte zu dieser Zeit bereits seit über einem Jahrhundert über dem mittelalterlichen Bernkastel. Im 17. Jahrhundert trotzte die Bastion dem Dreißigjährigen Krieg, um dann doch 1692 einer Feuersbrunst zum Opfer zu fallen. Die Ruine bietet einen herrlichen Ausblick auf das Moseltal und den auf der anderen Flussseite liegenden Winzerort Kues.

Nikolaus von Kues wurde 1401 als Nikolaus Cryfftz geboren. Der Nachname bedeutet Krebs, wovon das Familienwappen zeugt (kleines und großes Bild jeweils ganz rechts). In Kues befindet sich das St.-Nikolaus-Hospital, das 1458 von Nikolaus von Kues und seinen Geschwistern gestiftet wurde (rechts). Einst ein Armenhospital, ist es heute ein Altenheim. Die spätgotische Kapelle mit prächtig geschnitztem Chorgestühl bildet das Zentrum der Anlage (großes Bild). In der Bibliothek werden 314 Handschriften aus dem Nachlass des Stifters verwahrt (unten Mitte).

NIKOLAUS VON KUES

Einer der größten Universalgelehrten deutscher Sprache stammt aus dem kleinen Ort, der Teil seines Namens wurde: Nikolaus von Kues (latinisiert: Nicolaus Cusanus). Bereits als 15-Jähriger schrieb er sich 1416 an der Universität Heidelberg ein, von wo es ihn nach einem Jahr nach Padua zog. Das dortige Studium des Kirchenrechts schloss der junge Gelehrte mit dem Doktortitel ab. Da ihm die Inhalte seines Faches zu eng waren, beschäftigte sich Nikolaus mit zahlreichen anderen Disziplinen, etwa der Philosophie, der Astronomie und der Mathematik. So wurde er einer der einflussreichsten Humanisten an der Schwelle zur Neuzeit. Zurück aus Padua, strebte Nikolaus von Kues eine Reihe von Pfründen an, also kirchliche Ämter, die mit Bezahlung verbunden waren. Zu seinen Wirkungsstätten gehörten u. a. Trier, Köln, Utrecht und Rom. Viel Zeit verbrachte Cusanus in Bibliotheken, wo er Fälschungen alter Texte aufdecken konnte – allen voran die der Konstantinischen Schenkung, auf die die Päpste ihre Macht stützten. Cusanus' Reisen führten ihn nach Paris, Basel und Konstantinopel, wo er kirchenpolitisch äußerst rege agierte. Die Höhepunkte seines Schaffens waren 1450 die Ernennung zum Bischof des Fürstbistums Brixen und später zum Kurienkardinal im Kirchenstaat. Nikolaus von Kues starb 1464.

Mosel | Eifel, Mosel, Mittelrhein 65

Die beiden deutschen Weltstars Curd Jürgens und Maria Schell spielten 1958 die Hauptrollen in Helmut Käutners Kinoversion des »Schinderhannes« (großes Bild). Schon vor Erfindung des Films ließen sich die Menschen vom romantisch verklärten Leben des Kriminellen durch Moritatentafeln in Bann ziehen (unten links). Bei Bundenbach stößt man auf die Spuren des Räuberhauptmanns, die Schinderhannes-Tränke lädt dort zur Rast ein (rechts). Das Hunsrückmuseum in Simmern verwahrt Hut und Kugelbeutel des 1803 Hingerichteten (ganz rechts).

66 **Eifel, Mosel, Mittelrhein** | Mosel

DER SCHINDERHANNES

Vor über 200 Jahren trieb der sogenannte Schinderhannes im Hunsrück sein Unwesen. Seinen Spitznamen verdankte Johann Bückler jenem Beruf, dem seine Vorfahren seit Generationen nachgingen – dem des Abdeckers, auch Schinder genannt. Als der junge Mann seinem Lehrherrn mehrere Kalbsfelle stahl, brachte ihm das öffentliche Prügel ein. Von da an bestritt er seinen Lebensunterhalt mit Diebstählen, Raubüberfällen und Erpressung. Zwar wurde der Räuber 1799 festgenommen und in Simmern ins Zuchthaus gesteckt. Doch schon bald gelang ihm die Flucht aus dem heute Schinderhannes-Turm genannten Gefängnis. Reisende konnten fortan spezielle Pässe beim Schinderhannes einkaufen, die sie vor seinen Überfällen schützten. Ab 1800 begleitete ihn seine Freundin Juliana »Julchen« Blasius auf seinen Raubzügen. Zwei Jahre später wurde der Bandit erneut festgenommen und 1803 zusammen mit 19 seiner Mittäter in Mainz hingerichtet. Schon vor seiner Exekution kursierten die ersten Legenden über das Leben des Schinderhannes, schnell ereilte ihn der Ruf des »Robin Hood des Hunsrück«. Sein Leben lieferte den Stoff für zahlreiche literarische Werke wie das 1927 erschienene Drama von Carl Zuckmayer. Heute erinnert im Hunsrück u. a. ein Radweg an den legendären Räuberhauptmann.

Zwei Elemente machen Traben-Trarbach aus und sind das Lebenselixier der Stadt: die Mosel und der Wein. Dem Rebensaft mit seiner traditionell großen Bedeutung huldigt die Frauenfigur am Marktbrunnen (unten rechts). Wie so viele andere Moselgemeinden präsentiert sich der Ortsteil Traben mit einer beschaulichen Silhouette (großes Bild). Architektonische Hauptattraktion sind zwar die Jugendstilbauten (großes Bild Mitte: Jugendstil-Hotel Bellevue), aber auch die Reste der im 18. Jahrhundert zerstörten Grevenburg sind sehenswert (rechts).

Traben-Trarbach

Zwei Ortschaften links und rechts der Mosel, das waren Traben und Trarbach jahrhundertelang. Erst 1904 wurden sie zur Doppelgemeinde vereint. Unmittelbar zuvor war dem Jugendstilarchitekten Bruno Möhring mithilfe seiner gewaltigen Doppelbogenkonstruktion der Brückenschlag zwischen den beiden Siedlungen gelungen. Das wuchtige Brückentor auf der Trarbacher Seite diente zunächst als Sitz des Brückengeldeinnehmers, dann wurde das Bauwerk zur Brückenschenke umgebaut. Noch heute birgt das Wahrzeichen der Stadt ein Restaurant, die Brücke wurde jedoch im Zweiten Weltkrieg gesprengt. Andere Bauwerke des Ortes wurden ebenfalls im Jugendstil Möhrings erbaut, der regionale Elemente wie Fachwerk und Bruchsteinmauerwerk einbezog. Beim Jugendstilhotel Bellevue verlieh er einem schlanken Eckturm die Form einer gigantischen Sektflasche.

Jeder fruchtbare Fleck im Moseltal bei Zell scheint von Weinstöcken besetzt zu sein – wie der Blick auf die Parzellen rund um den Ort zeigt (großes Bild: mit Pulverturm und Pfarrkirche St. Peter; rechts: Ortsteil Merl). Der Pulverturm ist ein Relikt der einstigen mittalterlichen Stadtbefestigung. Imposante steinerne Zeugen der Vergangenheit sind auch das spätgotische Residenzschloss und die Ritterburg Arras. Bereits die Römer hatten hier um 70 n. Chr. eine kleine Hafenanlage mit Lagerhallen (»cellae«) errichtet, denen Zell auch seinen Namen verdankt.

70 Eifel, Mosel, Mittelrhein | Mosel

Zell

Die Geschichte der »Zeller Schwarzen Katze« zeigt, dass schwarze Katzen durchaus Glück bringen können: Mitte des 19. Jahrhunderts kamen drei Aachener Weinhändler nach Zell. Bei einer Verkostung fiel ihre engere Wahl auf drei Fässer. Als sie eine Probe entnehmen wollten, sprang die schwarze Katze der Winzerfamilie auf eines dieser Fässer und verteidigte es mit heftigem Fauchen und Katzenbuckel. Für die Weinhändler war klar: Dieser musste der beste Wein sein. Sie gaben dem so heftig verteidigten Rebensaft den Namen »Zeller Schwarze Katz«, und schon bald eilte dem Wein der Ruf eines vorzüglichen Tropfens voraus. Vielleicht verdanken die Zeller ihr Glück mit dem Wein aber auch dem heiligen Petrus, dem Pfarr- und Kirchenpatron der Stadt. Die katholische Pfarrkirche St. Peter birgt nämlich eine Knochenreliquie des Apostels.

Staub, sprich: Alter, verheißt bei Lebensmitteln selten Gutes. Bei Wein verhält es sich anders: Gute Jahrgänge können, lange genug aufbewahrt, zur lohnenden Kapitalanlage werden (großes Bild). In den Tälern der Flüsse Mosel, Saar und Ruwer arbeiten in 125 Weinorten über 5000 Winzer.

Zum Selbstverständnis des Berufsbilds gehören regelmäßige Qualitätskontrollen (kleine Bilder unten). Flache Anbauflächen (rechts) sind an der Mosel eine Rarität. Die steilen Lagen der meisten Hänge erfordern bei der Weinlese hohen körperlichen Einsatz (ganz rechts).

IM LAND DES RIESLINGS

Von den Segnungen der antiken römischen Zivilisation ist eine im Moseltal besonders augenfällig: der Anbau von Wein. Kein Schieferboden ist zu hart, kein Hang zu steil, als dass dort nicht Rebstöcke kultiviert werden könnten. Den Rekord halten Lagen zwischen Bremm und Ediger-Eller. Auf dem dortigen Berg Calmont stehen die Reben teils bei einem Hangneigungswinkel von 68 Grad. Bis zum Jahr 2006 wurden die Weinbaugebiete der Mosel zusammen mit denen in zwei Nebentälern unter der Bezeichnung »Mosel-Saar-Ruwer« geführt. Zur besseren Wiedererkennung steht die Herkunftsbezeichnung »Mosel« seitdem allein. Schließlich entfallen von den insgesamt knapp über 9000 Hektar Anbaufläche von Mosel-Saar-Ruwer 90 Prozent allein auf die Mosel. Der Anteil des produzierten Rotweins liegt bei unter zehn Prozent. Hier dominieren die weißen Sorten: Weltweit gibt es keine Region, in der mehr Fläche von Riesling eingenommen wird als auf den über 5000 Hektar zwischen Trier und Koblenz. Deutlich nachrangiger werden die Sorten Müller-Thurgau, Elbling, Kerner, Blauer Spätburgunder, Dornfelder, Weißer Burgunder, Bacchus und Regent kultiviert. Wein dominiert fast alle Belange des öffentlichen Lebens. Entlang der 250 Kilometer langen Moselweinstraße haben Kenner ausgiebig Gelegenheit zum Verkosten.

Links, rechts und hinten Weinberge – und vorne die Mosel: Fast eingekesselt wirkt das kleine Beilstein (großes Bild). Der Ort hat sich seinen Charme der letzten Jahrhunderte bewahrt und diente deshalb bereits einige Male als Kulisse für Kinofilme. Hier wurde etwa »Der Schinderhannes« mit Curd Jürgens in der Hauptrolle gedreht. Nicht nur Filmregisseure zieht es hierher – auch katholische Pilger reisen von nah und fern an, um vor der Schwarzen Madonna in der Klosterkirche St. Joseph ihre Gebete und Gelübde zu sprechen (Bildleiste rechts).

Beilstein

Der Ort gilt als einer der hübschesten Flecken an der Mosel. Johann II. von Braunshorn verhalf Beilstein bereits Anfang des 14. Jahrhunderts zum Stadt- und Marktrecht. Nach dem Tod des letzten Herrn von Braunshorn 1362 herrschten hier die Winneburger, ab dem 17. Jahrhundert die Metternichs. Diese errichteten über der Stadt die imposante Burg gleichen Namens, deren malerische Ruine an die Zeiten der Adelsgeschlechter erinnert. Das 17. und 18. Jahrhundert verliehen Beilstein jenes historische Flair, dem die Stadt heute die Bezeichnung »Dornröschen der Mosel« verdankt. Mit seiner Schwarzen Madonna in der barocken Klosterkirche St. Joseph zählt Beilstein zudem zu den bedeutendsten Pilgerzielen der Region. Das Gnadenbild wurde im Dreißigjährigen Krieg von spanischen Soldaten aus ihrer Heimat mitgebracht.

Bei 125 Weinorten an Mosel, Saar und Ruwer ist der Bedarf an lokalen Weinköniginnen groß. Jedes Jahr finden sich Kandidatinnen, die in der Tradition des Weinbaus verwurzelt sind und sich der Wahl stellen. Besonders prunkvoll geht es in Bernkastel-Kues zu, die dortige Weinkönigin kann sich mit dem Titel »Mosella« schmücken (großes Bild). Die Weinkönigin von Piesport hält als Zeichen ihrer Herrschaft ein großes Weinglas in ihren Händen (unten rechts). Auch Pünderich ist stolz auf seine Weinkönigin und Weinprinzessinnen (rechts).

WEINKÖNIGINNEN

Das Amt der Deutschen Weinkönigin ist so alt wie die Bundesrepublik Deutschland. Seit 1949 amtiert eine der zuvor in den 13 deutschen Weinbauregionen gekürten regionalen Weinköniginnen als Herrscherin über alle. Zwar gab es in den vorangegangenen Jahrzehnten bereits Ansätze, ein solches Amt einzuführen. Das Reglement zur Wahl war allerdings recht willkürlich gehandhabt worden. Von den bis zur Saison 2008/09 gewählten 60 Weinköniginnen stammten allein zehn aus der Region Mosel-Saar-Ruwer. Rekord! Pfalz und Franken mussten sich mit Rang zwei und drei begnügen. In den Anfangsjahren waren bei den Kandidatinnen eher traditionelle Qualitäten gefragt. Wer ledig war, aus einer Winzerfamilie stammte und einen Walzer tanzen konnte, war dabei. Heute reicht das nicht mehr aus, schließlich muss die Weinkönigin für ein Jahr den deutschen Wein repräsentieren und bewerben – und das nicht nur auf deutschen Weinfesten und Messen, sondern zunehmend international. Seitdem müssen sich die jungen Frauen mehr ins Zeug legen. Fachliches Wissen über die Produktion und die Vermarktung des Produktes Wein wird heute als Selbstverständlichkeit vorausgesetzt. Und auch ohne Fremdsprachenkenntnisse und ein souveränes Auftreten stehen die Chancen zur Wahl schlecht.

In Reih und Glied spiegeln sich die steilgiebeligen Fachwerkhäuser von Cochem an der Uferzeile der Mosel im Fluss (rechts). Hinter dem Schiff ragen die Kirche St. Martin und das 1630 erbaute Kapuzinerkloster – heute ein Kulturzentrum – auf. Auch der Blick von oben bietet Sehenswertes (großes Bild). Als Inbegriff deutscher Burgenromantik präsentiert sich die Reichsburg. Im Hintergrund ist in Cond auf der anderen Flussseite die Kirche St. Remaclus zu erkennen. Trotz ihres romanischen Aussehens handelt es sich bei ihr um einen erst 1967 errichteten Neubau.

Cochem

Hoch über der Stadt Cochem mit ihrem fachwerkgespickten Zentrum und sehenswerten Stadttoren thront eine der schönsten Burgen an der Mosel: die Reichsburg. Die wohl um 1000 von Pfalzgraf Ezzo errichtete Anlage wurde im 17. Jahrhundert von Soldaten König Ludwigs XIV. zerstört. Der Berliner Fabrikant Jakob Louis Ravané ließ die Festung im 19. Jahrhundert in historisierendem Stilmix neu erstehen. Einen eindrucksvollen Blick auf Cochem und seine Bilderbuchburg bietet der mit einer Sesselbahn erreichbare Pinnerberg. Wer nicht so hoch hinaus will, kann mit einer Fähre zum Stadtteil Cond übersetzen und von dort aus die »Perle der Mosel« und ihre Reichsburg ins Visier nehmen. In Cond befindet sich auch die ursprünglich dem Pestheiligen Rochus geweihte Peterskapelle, die im 17. Jahrhundert als Dank für den Sieg über die Pest errichtet wurde.

Die Moselregion ist gut mit Burgen bestückt: Burg Arras bei Alf (großes Bild), Burg Pyrmont (rechts) sowie die Niederburg bei Kobern (links oben) und Schloss Berg bei Nennig (links unten) sind nur vier Beispiele aus der Vielfalt der alten Gemäuer. Der Zustand reicht von der Ruine bis zum sanierten Prachtbau.

BURGENROMANTIK AN DER MOSEL

Wie in der Eifel sicherten sich auch die Grafen und Edelherren an der Mosel ihre Besitztümer durch mächtige Festungen. Das enge Tal der Mosel mit seinen steilen Hängen bot sich dabei in besonderem Maße zur Anlage imposanter Burgen an. Ein ausgesprochenes Prachtexemplar stellt Burg Eltz dar, eine der wenigen erhaltenen mittelalterlichen Burgen Deutschlands. Die reich gegliederte Anlage mit ihren Türmchen und Erkern ist eine perfekte Verkörperung der deutschen Burgenromantik. Die meisten Burgen an der Mosel wurden jedoch im Laufe der Jahrhunderte zerstört, manche dienten gar als Steinbruch. Während der Romantik wurden im 19. Jahrhundert mehrere Burgen nach altem Vorbild wieder aufgebaut – ein Trend, der sich im 20. Jahrhundert fortsetzte. Zu den schönsten Anlagen dieser Art zählt die Reichsburg in Cochem. Auf Burg Pyrmont können Brautpaare in historischer Kulisse den Bund fürs Leben schließen. Auch als schaurig-gruselige Ruinen haben die alten Burgen nichts von ihrem Reiz verloren. Sie gehören heute zum Bild der Mosel wie die Weinreben an den Hängen und die Schiffe auf dem Wasser. Und was wäre Bernkastel-Kues ohne die Reste der Burg Landshut, Beilstein ohne die Ruine von Burg Metternich und Traben-Trarbach ohne die alten Gemäuer der Grevenburg?

Wie der Fantasie entsprungen wirkt die über dem Elzbachtal himmelwärts strebende Burg Eltz (großes Bild). Innen erlebt man einen Querschnitt durch acht Jahrhunderte Kulturgeschichte mit kostbar gestalteten Erkern wie im Rübenacher Schlafgemach (rechts), Glasmalereien (ganz rechts) oder Gemälden wie »Madonna mit Kind und Traube« von Lucas Cranach d. Ä. im Rübenacher Untersaal.

Burg Eltz

Burg Eltz zählt zu den wenigen deutschen Burgen, die niemals zerstört wurden. 1157 wird die auf drei Seiten vom Elzbach umflossene Burg erstmals urkundlich erwähnt: Rudolf von Eltz bewohnte damals die auf einem rund 70 Meter hohen, elliptischen Felsen thronende Burganlage. Teile der romanischen Bebauung sind heute noch erhalten. Seitdem befindet sich die Anlage ohne Unterbrechung im Besitz der Familie Eltz, einer Adelsdynastie, aus der Domherren und Kurfürsten hervorgegangen sind. Nach einem Streit unter drei Eltz-Brüdern wurde Eltz ab 1268 als sogenannte Ganerbenburg geführt, in der jede Familienlinie ihren eigenen Haushalt führte und separate Trakte der Burg bewohnte und erbaute. Dabei kam jene verschachtelte Burganlage heraus, die mit ihren über 100 Räumen sämtliche Stilrichtungen von der Romanik bis zum Barock in sich vereint.

Von künstlichen Flussbegradigungen wie am Rhein ist der deutsche Teil der Mosel weitgehend verschont geblieben. Deshalb kann man hier vielerorts eindrucksvolle Panoramablicke auf Flussschleifen genießen, wo die Mosel auf engstem Raum eine 180-Grad-Wende vollzieht. So etwa bei Bremm, der wohl berühmtesten Moselschleife mit den steilen Weinlagen des Calmont (großes Bild). Auch bei Trittenheim (rechts) und bei Kröv (unten links), bekannt geworden durch seinen Wein »Kröver Nacktarsch«, offenbart sich die Mosel als Fluss voller Schlingen.

MOSELSCHLEIFEN

Wie eine Schlange windet sich die Mosel zwischen Trier und Koblenz hin und her. 184 Kilometer legt der Fluss zwischen diesen beiden Orten zurück, die in Luftlinie nur etwa die Hälfte davon auseinanderliegen. Durch unzählige Flussschleifen arbeitet sich die Mosel ihrer Mündung entgegen. Der Hang am Wendepunkt einer solchen Schleife bietet einen herrlichen Blick auf den Fluss, der hier im wahrsten Sinne des Wortes die Kurve kratzt. Denn der Fluss prallt mit einer solchen Wucht gegen den Hang, dass dieser immer weiter zurückweicht. Dadurch wird die Schleife immer größer, der Hang immer steiler. Wenn er sich dann noch dem sonnigen Süden entgegenreckt, bietet er optimale Bedingungen für den Anbau der wärmeliebenden Weinreben. Zuweilen windet sich die Mosel gar zu sehr in ihrem Tal und sucht sich am Anfang einer Flussschleife eine Abkürzung. Dabei schnürt sie einen sogenannten Umlaufberg ab, der dann nicht mehr umflossen wird. So erklärt sich der ungewöhnlich gerade Streckenverlauf flussaufwärts von Bernkastel-Kues, wo der Fluss gleich zwei Umlaufberge hinter sich gelassen hat. Die 14 Kilometer lange Moselschleife bei Zell ist dagegen noch vollständig ausgebildet, ebenso diejenige bei Traben-Trabach und die zahlreichen anderen kleineren und größeren Schleifen.

Burg Eltz mag spektakulär sein und viele Besucher anziehen. Doch nur wenige Kilometer entfernt findet sich ein Ort, den man ebenso wenig links liegen lassen sollte: Münstermaifeld. Hinter dem Rathaus ragen die Westtürme der Kirche St. Martin und St. Severus auf (kleines Bild).

Im Inneren des Gotteshauses ziehen vor allem zwei Objekte die Aufmerksamkeit auf sich: der Flügelaltar, der zur Gattung der Antwerpener Retabeln gehört und auf das 16. Jahrhundert zurückgeht (großes Bild), sowie die Orgel, die durch ihre Dimensionen beeindruckt (unten rechts).

Münstermaifeld

Mitten im Maifeld, einer sanften Hügellandschaft zwischen den Flüssen Nette, Elz und Mosel, erhebt sich eine gewaltige Münsterkirche, der die Stadt Münstermaifeld ihren Namen verdankt. Bereits im 6. Jahrhundert errichtete Erzbischof Magnericus hier eine Martinskathedrale und machte den Ort damit zum Zentrum der Christianisierung in der südlichen Eifel. Im 10. Jahrhundert erhielt Münstermaifeld das Markt-, im 13. Jahrhundert das Stadtrecht. Mit dem Bau der ehemaligen Stifts- und heutigen Pfarrkirche St. Martin und St. Severus wurde im 13. Jahrhundert begonnen. Die romanischen Rundbögen im unteren Teil der Kirche werden oben von gotischen Spitzbögen abgelöst. Im Inneren findet sich mit dem spätgotischen Goldaltar ein Meisterwerk mittelalterlicher Holzschnitzkunst. Die Wehrtürme des Münsters sind bis zum Hunsrück sichtbar.

Einer der beliebtesten Ausgangspunkte für Moselschifffahrten ist das im Flussabschnitt zwischen Koblenz und Trier relativ zentral gelegene Bernkastel-Kues. Vom Schiff aus kann man den Blick auf die beiden Ortsteile Kues (rechts: mit Cusanusstift St. Nikolaus) und Bernkastel (unten rechts: mit Ruine von Burg Landshut) genießen. Weiter flussabwärts passiert ein großes Fahrgastschiff die Moselgemeinde Hatzenport (rechts). Seit dem Ausbau der Mosel zur Großschifffahrtsstraße können bis zu 110 Meter lange Fahrgastkabinenschiffe auf der Mosel verkehren.

MIT DEM SCHIFF UNTERWEGS

Schon seit der Antike wird die Mosel mit Booten und Schiffen befahren, wie das Neumagener Weinschiff und die Reliefs der Igeler Säule bei Trier bezeugen. In Trier wohnten im Mittelalter viele Schiffer, sein Hafen war bereits 1413 mit einem Kran ausgestattet. Seit dem 17. Jahrhundert pendelte zwischen Koblenz und Trier ein Marktschiff hin und her, seit 1841 waren Dampfschiffe auf dem Fluss unterwegs. Bereits die Kurfürsten und Preußen – unter deren Oberhoheit die Mosel 1815 fiel – arbeiteten kontinuierlich am Ausbau als Schifffahrtsstrecke. Im Jahr 1964 schließlich wurde die Mosel als Großschifffahrtsweg freigegeben, 15 Schleusen ebnen heute für Fracht- und Passagierschiffe den Weg von Metz bis Koblenz. So lässt sich die idyllische Mosellandschaft mit ihren Schleifen, Burgen, Weinbergen und reizenden Orten von Bord eines Schiffs aus besonders intensiv erleben. Auf dem Programm stehen Rundfahrten – von einer Stunde Dauer bis zu Tagesfahrten, beispielsweise von Trier nach Bernkastel-Kues –, Touren flussaufwärts nach Luxemburg sowie tägliche Linienfahrten, etwa zwischen den Städten Cochem und Traben-Trarbach. Sonderfahrten mit Tanzmusik oder besonderen gastronomischen Angeboten, einem Feuerwerk oder möglichst vielen Schleusendurchfahrten runden das Angebot ab.

Der Loreley-Fels ist der zu Stein gewordene Inbegriff des Mittelrheins und eine der gefährlichsten Passagen für die Schiffer. Dank moderner Signaltechnik müssen diese heute nicht mehr befürchten, hier ins Verderben zu fahren (großes Bild). Die Marksburg hoch über dem Städtchen Braubach (oben links) ist wie so viele andere Burgen am Mittelrhein eine Ausprägung deutscher Burgenromantik.

MITTELRHEIN

Drei Dinge sind am Mittelrhein zwischen Königswinter und Rüdesheim wichtig und entscheidend: Romantik, Romantik, Romantik. Im 19. Jahrhundert hatten romantische Künstler die Landschaft des Mittelrheins für sich entdeckt. Seitdem bereisen Besucher aus dem In- und Ausland diesen Flussabschnitt auf der Suche nach ihren Sehnsuchtsbildern einer romantisch verklärten Landschaft. Viele werden zwischen Burgen und Weinbergen fündig. Selbst die UNESCO nahm das obere Mittelrheintal in ihre Liste des Welterbes auf.

Das Siebengebirge besteht aus rund 40 Bergen. Es ist das größte Naturschutzgebiet Nordrhein-Westfalens, an dessen südlicher Grenze es liegt. Die höchste Erhebung bildet der Große Ölberg. Von seinem 460 Meter hohen Gipfel aus fällt der Blick auf die Berge Richtung Drachenfels (rechts). Die runde Form des Drachenfels geht auf Magma zurück, das nach oben strebte, die Oberfläche jedoch nicht durchdringen konnte. Auf halber Anhöhe liegt das Schloss Drachenburg, ganz oben die Burgruine Drachenfels (großes Bild), die seit dem 17. Jahrhundert zerfällt.

Königswinter, Siebengebirge

Nur einen Steinwurf südlich von Bonn liegt Königswinter. Zu seinem Stadtgebiet gehört auch die romanische Chorruine Kloster Heisterbach. Für viele ist die Stadt aber vor allem Eingangstor zum Mittelrhein und Ausgangspunkt zu den umliegenden Höhen des Siebengebirges. Die Herkunft des Gebirgsnamens ist nicht endgültig geklärt, auf die sieben höchsten Gipfel bezieht er sich jedoch nicht. Entscheidend für die Gestalt des Siebengebirges waren Vulkane, die bis vor rund 15 Millionen Jahren Basalte und andere Gesteine aus dem Erdinneren nach oben beförderten. Von den sieben größten Bergen ist der 321 Meter hohe Drachenfels neben dem Petersberg der bekannteste. Auf ihm befinden sich das Schloss Drachenburg und die Ruine von Burg Drachenfels. Diese kann man mit der Drachenfelsbahn erreichen, um von dort einen Blick auf den Rhein zu erhaschen.

So altehrwürdig viele Schlösser am Mittelrhein auch sein mögen, so wenig Tradition hat das 1859 erbaute Schloss Marienfels in Remagen (kleines Bild unten). Schloss Arenfels oberhalb von Bad Hönningen kann dagegen auf eine jahrhundertealte Tradition verweisen (großes Bild). Mit reichlich Fachwerk zum Rhein hin wartet das kleine Bad Breisig auf (rechts).

Remagen, Bad Breisig, Bad Hönningen

Am Ende des Zweiten Weltkriegs wurde eine kleine Stadt am Rhein zu einem der wichtigsten Kriegsschauplätze: Die Alliierten nahmen die Brücke von Remagen ein und kontrollierten somit die letzte intakte Brücke über den Rhein. Kurz darauf stürzte sie ein, heute stehen nur noch die Pylone. Ein Schmuckstück von Remagen ist dagegen das Arp-Museum im Bahnhof Rolandseck. Nur wenige Kilometer südlich liegen sich mit Bad Breisig auf der westlichen und Bad Hönningen auf der östlichen Rheinseite zwei Kurstädte gegenüber. Die Keimzelle des Kurbetriebs in Bad Breisig ist die 1914 erbohrte Quelle des Geiersprudels. In Bad Hönningen wurde bereits 1894 die erste kohlensäurehaltige Quelle erschlossen. Beide Kurorte verfügen mit den Römer-Thermen (Bad Breisig) und der Kristall Rheinpark-Therme (Bad Hönningen) über moderne Badeanlagen.

Direkt am Rhein steht Schloss Neuwied, das 1712 im Stil des rheinisch-nassauischen Klassizismus vollendet wurde (rechts). Die Prämonstratenser-Abteikirche Sayn in Bendorf beeindruckt mit einem in den Kreuzgang integrierten Brunnenhaus (unten links). Im nahen Rommersdorf hat der Orden ebenfalls einen bedeutenden Sakralbau hinterlassen: Im 1117 gegründeten Kloster können heute wieder der Kapitelsaal (großes Bild) und die Abtskapelle (unten rechts) besichtigt werden. Ab 1912 war der Komplex verfallen, 1977 begann man mit der Sanierung.

Neuwied, Bendorf

Die Siedlungsgeschichte von Neuwied lässt sich bis ins 8. Jahrhundert zurückverfolgen. Burg Altwied aus dem Jahr 1129 hatte lange als Sitz der Grafen von Wied gedient. Dann wurde die Residenz verlegt; 1706 begannen die Bauarbeiten am Schloss Neuwied, das direkt am Rhein platziert wurde. Im Stadtgebiet finden sich weitere Repräsentationsbauten, so die Ruine der Burg Braunsberg aus dem 13. Jahrhundert, Schloss Engers und das Palais der Prinzessinnen (beide 18. Jahrhundert). Im Stadtteil Heimbach-Weis wird die ehemalige Prämonstratenserabtei Rommersdorf nach vorbildlicher Restaurierung heute kulturell genutzt. Nördlich von Neuwied liegt Bendorf, dessen Wurzeln bis zu einem römischen Kastell zurückreichen. Im Ortsteil Sayn finden sich als bedeutendste Bauten Burg Sayn, die romanische Prämonstratenserabtei Sayn und Schloss Sayn.

Kapitäne können in Koblenz an den Ufern von Rhein oder Mosel festmachen. Eine beliebte Anlegestelle befindet sich vor der Alten Burg an der Mosel (großes Bild). Am Deutschen Eck, an der Mündung der Mosel in den Rhein, steht das Denkmal mit der Reiterstatue Kaiser Wilhelms I. (rechts). Der Sockel war bis zum Mauerfall ein Mahnmal der deutschen Einheit, die 1945 zerstörte Skulptur wurde 1993 durch eine Kopie ersetzt. Als eines von drei großen romanischen Gotteshäusern ist die gotisch überprägte Liebfrauenkirche ein Aushängeschild der Stadt (unten rechts).

Koblenz

Die Römer haben die Lage von Koblenz auf den Punkt gebracht, als sie hier im Jahr 9 v. Chr. ein Kastell erbauten: Castellum apud Confluentes, »Kastell bei den Zusammenfließenden«, nannten sie es. Hier vereinen sich Mosel und Rhein am heutigen Deutschen Eck, einer Landzunge, die vom monumentalen Reiterstandbild Kaiser Wilhelms I. überragt wird. Koblenz zählt somit zu den ältesten Städten Deutschlands. Die Geschichte von Koblenz ist nicht bei den Römern stehen geblieben, auch später war es ein bedeutender Ort, wovon viele Bauwerke zeugen. Die Kirche St. Kastor lässt sich bis ins 9. Jahrhundert zurückverfolgen, das Kurfürstliche Schloss ist seit dem 18. Jahrhundert der Stolz der Stadt. Preußisches Erbe aus dem 19. Jahrhundert sind die Befestigungswerke mit der Festung Ehrenbreitstein gegenüber vom Deutschen Eck als imposantester Anlage.

Hochwasserwarnstufe 4 tritt in Kraft, wenn bebaute Gebiete in größerem Umfang überflutet werden sowie die Wasser- und Dammwehr eingesetzt werden muss, etwa beim Hochwasser 1995 in Koblenz (großes Bild: Deutsches Eck). Lediglich der Pegel von 1993 lag höher (unten rechts). Jedes Jahr müssen sich die Rhein-Anrainer Sorgen um die Überflutung ihrer Städte machen, so auch in Braubach bei Koblenz (rechts).

RHEINHOCHWASSER

Hochwasser gehören zum alljährlich wiederkehrenden Repertoire von Flüssen. Beim Rhein können sie besonders drastisch ausfallen, denn sein Einzugsgebiet von 189 000 Quadratkilometern entspricht mehr als der Hälfte der Fläche von Deutschland. Wenn im Winter der Schnee in den Alpen und den Mittelgebirgen schmilzt und gleichzeitig ergiebige Niederschläge fallen, kommt es zum Winterhochwasser. Das seltenere Sommerhochwasser geht allein auf das Konto von heftigen Regenfällen. An beides haben sich die Anrainer gewöhnt – wenn es im üblichen Rahmen bleibt. Das ist aber immer seltener der Fall. Auf weiten Strecken wurde der Rhein begradigt und eingedeicht, überschüssiges Wasser kann nicht mehr auf natürliche Weise in den Uferbereichen abfließen und versickern. Hinzu kommen immer öfter auftretender Starkregen und früher einsetzendes Tauwetter, beides dem Klimawandel geschuldet. In Rheinland-Pfalz gibt es vier Warnklassen, deren höchste bei Hochwasser in Kraft tritt, das im statistischen Mittel alle 50 Jahre auftritt. In Koblenz wurden drei Hochwassermeldemarken eingerichtet, deren erste bei 4,5 Meter liegt. An Weihnachten 1993 wurde sie deutlich überschritten, denn beim Jahrhunderthochwasser hatte die Flut eine Höhe von 9,52 Meter erreicht.

Fast uneinnehmbar thront die mächtige Koblenzer Festung Ehrenbreitstein auf einem Bergsporn der rechten Rheinseite. Sie hat enorme Dimensionen: Die Gräben sind bis zu 25 Meter breit, die Außenmauern bis zu drei Meter dick. Vom Rheinufer mit dem von Balthasar Neumann entworfenen Dikasterialbau (Bildmitte unten), einem Verwaltungsgebäude des einstigen Schlosses Philippsburg, führt der Felsenweg nach oben. Mit seiner langen Tradition der militärischen Nutzung ist Ehrenbreitstein eine ideale Kulisse für Historienfestspiele (Bildleiste rechts).

Festung Ehrenbreitstein

Direkt gegenüber der Stelle, an der die Mosel in den Rhein mündet, befindet sich seit Jahrhunderten eine Festung. Um das Jahr 1000 war sie noch eine Burg, in der Barockzeit die Residenz des Kurfürsten von Trier. Die heutige Festung Ehrenbreitstein entstand zwischen 1817 und 1828 unter preußischer Herrschaft. Der riesige Komplex hatte die Verkehrslinien zu sichern. Fast ein Jahrhundert lang sollte Ehrenbreitstein seine Bestimmung erfüllen, erst am Ende des Ersten Weltkriegs mussten sich die preußischen Truppen aus ihr zurückziehen. Heute werden die Gebäude friedlich genutzt: zum einen als Ausstellungsraum des Landesmuseums Koblenz, zum anderen als Jugendherberge. Ganz ohne Militär geht es aber nicht: Das Ehrenmal des Deutschen Heeres erinnert an die Gefallenen der beiden Weltkriege und an die im Dienst gestorbenen Bundeswehrsoldaten.

Die Chinesen haben das Feuerwerk erfunden, die Menschen am Mittelrhein zelebrieren es alljährlich in Vollendung. Sonst eher beschauliche Orte wie Sankt Goar am Loreley-Felsen werden einmal im Jahr in ein Meer aus Licht und Krach getaucht (großes Bild). Eine ganze Flotte illuminierter Rheinschiffe verstärkt den optischen Effekt noch. Höchst begehrt sind dabei die Logenplätze auf den Schiffen (rechts). Auch das Reiterstandbild von Kaiser Wilhelm I. am Deutschen Eck in Koblenz wird dann Bestandteil des farbenfrohen Spektakels (unten rechts).

RHEIN IN FLAMMEN

Als 1756 in Koblenz ein Feuerwerk zu Ehren des Kurfürsten Johann-Philipp von Walderdorff gezündet wurde, konnte noch niemand ahnen, dass dieses Ereignis zwei Jahrhunderte später eines der spektakulärsten Feuerwerksfeste Deutschlands hervorbringen würde. 1956 gab es den ersten »Rhein in Flammen« in Koblenz. Der Rhein steht dabei nicht wirklich in Flammen, vielmehr tauchen er und seine romantisch anmutenden Uferbereiche in ein nicht endenwollendes Spektakel aus beindruckenden Raketensalven und bengalischem Feuer ein. Gleich fünf dieser Großfeuerwerke gibt es heute entlang dem Mittelrhein. Das Feuerwerksjahr beginnt im Mai zwischen Linz und Bonn und endet im September zwischen der Loreley und Oberwesel. Begleitet werden die Feuerwerksreigen von einer Flotte aus Personenschiffen, die sich gemächlich über den Rhein bewegen. Sobald die Schiffe eintreffen, fällt am Ufer das Startsignal für die Pyrotechniker. Allein zwischen Spay und Koblenz reihen sich an jedem zweiten Samstag im August über 70 Schiffe auf dem Rhein – der größte Schiffskonvoi Europas! Vom Schiff und vom Ufer aus bieten sich fantastische Ausblicke auf die Feuerwerke der Superlative. In den Ufergemeinden wird der »Rhein in Flammen« gleichzeitig mit unzähligen Wein- und Volksfesten gebührend gefeiert.

Mittelrhein | Eifel, Mosel, Mittelrhein

Wo heute Schloss Stolzenfels steht, befand sich seit dem 13. Jahrhundert bis zu ihrer Zerstörung 1689 die gleichnamige Burg. Der Standort gegenüber der Mündung der Lahn in den Rhein war optimal für eine Zollburg (rechts). Neben dem Rittersaal ist der Salon (großes Bild) von Elisabeth Ludovika (unten links), der Gemahlin Friedrich Wilhelms IV. von Preußen (unten links), sehenswert. Anlässlich der Bundesgartenschau 2011 in Koblenz wird Schloss Stolzenfels umfassend restauriert, dabei werden auch die Gartenanlagen von Peter Joseph Lenné wiederhergestellt.

Schloss Stolzenfels

Eine ehrwürdige Burg im Mittelrheintal muss nicht wirklich alt sein. Zwar stammen die meisten dieser Gemäuer aus dem Mittelalter, doch einige entstanden erst im 19. Jahrhundert, als die Landschaft romantisch verklärt wurde. Ein solches Beispiel ist Schloss Stolzenfels, das sich gegenüber der Lahnmündung auf der linken Rheinseite erhebt. Zu den Baumeistern des 1842 fertiggestellten Schlosses gehörten Karl Friedrich Schinkel und Friedrich August Stüler, die renommiertesten Berliner Architekten ihrer Epoche. Der preußische König Friedrich Wilhelm IV. hatte den Auftrag für den neugotischen Bau erteilt, den er dann als Sommersitz nutzte. Besonders prunkvoll wurde der Rittersaal gestaltet. Nur drei Jahre nach der Fertigstellung gab sich hier die britische Königin Victoria die Ehre eines Besuchs. Majestätisch wirkt das Ensemble auch heute noch.

Ob das Wirtshaus an der Lahn (rechts) wirklich Schauplatz eines Volkslieds ist, wird sich wohl nie eindeutig nachweisen lassen. Sicher ist, dass der 24-jährige Johann Wolfgang Goethe im Juli 1774 dort zum Mittagsmahl einkehrte. Es bedarf nicht viel Fantasie, um sich im Innenhof von Burg Lahneck ein buntes mittelalterliches Treiben mit Rittern, Mägden und Herren vorzustellen (unten Mitte). Im Inneren des Gemäuers können bei Führungen kostbare Ausstattungsstücke (großes Bild) und prächtige Rüstungen (unten rechts) besichtigt werden.

Lahnstein

Beiderseits der Lahnmündung breitet sich die Stadt Lahnstein aus. Für ihre Einwohner ist das Erbe aus dem Mittelalter ein alltäglicher Anblick: Unübersehbar thront über ihren Köpfen Burg Lahneck aus dem 13. Jahrhundert mit ihrem fünfeckigen Turm. Anders als dem aus grobem Mauerwerk gefügten Bollwerk sieht man Schloss Martinsburg sein Alter nicht an. Es geht auf das Jahr 1298 zurück, wurde aber im Lauf der Jahrhunderte umgebaut und erweitert. Der in die Stadtmauer integrierte Hexenturm ergänzt die markanten Bauten, die vor dem 15. Jahrhundert entstanden. Legendär ist das Wirtshaus an der Lahn, das seit 1697 am Flussufer steht. Es rühmt sich, Schauplatz des Volkslieds zu sein: »Es steht ein Wirtshaus an der Lahn. / Da kehren alle Fuhrleut' an. / Frau Wirtin sitzt am Ofen. / Die Fuhrleut' um den Tisch herum. / Die Gäste sind besoffen.«

Mittelrhein | Eifel, Mosel, Mittelrhein

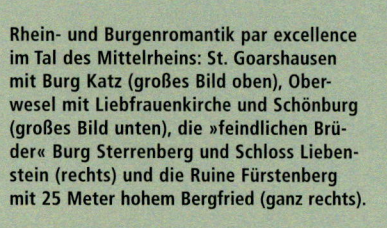

Rhein- und Burgenromantik par excellence im Tal des Mittelrheins: St. Goarshausen mit Burg Katz (großes Bild oben), Oberwesel mit Liebfrauenkirche und Schönburg (großes Bild unten), die »feindlichen Brüder« Burg Sterrenberg und Schloss Liebenstein (rechts) und die Ruine Fürstenberg mit 25 Meter hohem Bergfried (ganz rechts).

WELTKULTURERBE OBERES MITTELRHEINTAL

Weltweit hat die UNESCO rund 900 Stätten zum Welterbe erklärt. Seit 2002 gehört auch das Obere Mittelrheintal zwischen Bingen im Süden und Koblenz im Norden dazu. Das Prädikat gilt für die gesamte Kulturlandschaft beiderseits des Rheins auf 65 Kilometer Länge. In diesem Abschnitt drängen sich Dutzende von Burgen und Schlössern, zahlreiche historische Ortschaften und unzählige Weinberge. Für die UNESCO haben drei Kriterien den Ausschlag für die Auszeichnung gegeben: Erstens ist der Rhein einer der bedeutendsten Verkehrswege des Kontinents, der seit 2000 Jahren den kulturellen Austausch zwischen der mediterranen Welt und dem Norden ermöglicht. Viele Völker sind am Rhein entlanggezogen und haben ihre spezifischen Spuren hinterlassen, in besonderem Maße die alten Römer. Zweitens ist das Mittelrheintal aufgrund der Gestaltung seiner geologischen Gegebenheiten durch den Menschen eine einzigartige Kulturlandschaft, die optimal an die Bedingungen und Umstände der Natur angepasst wurde. Drittens ist die Region ein herausragendes Beispiel für die Herausbildung einer traditionellen Lebens- und Wirtschaftsweise in einem engen Flusstal. Besonders bedeutsam ist dabei der Weinbau, der im Oberen Mittelrheintal auf extrem steilen Terrassen betrieben wird.

An den Fachwerkfassaden im Zentrum von Rhens sind immer wieder neue Details zu entdecken. Zu den schönsten Gebäuden zählen das Rathaus von 1514 (unten links) und die Rathausschenke (großes Bild). An das wohl wichtigste Ereignis der Lokalgeschichte erinnert der Königsstuhl (rechts). Ab dem 14. Jahrhundert wurden in Rhens die Könige gewählt; Ruprecht III. war der erste, der auf dem steinernen Stuhl Platz nehmen konnte. Der verfallene Königsstuhl wurde 1806 zerstört, das heutige Bauwerk ist eine Replik aus der Mitte des 19. Jahrhunderts.

Rhens

Nur 3000 Einwohner leben in Rhens. Doch sie wissen, was sie den Besuchern schuldig sind – entsprechend ist das Zentrum des Städtchens herausgeputzt. Rund um den Marktplatz stehen vielfältig gestaltete Fachwerkhäuser, und der messingglänzende Ochsenbrunnen zieht die Blicke auf sich. Umgeben ist Rhens von einer Stadtmauer, direkt am Rhein steht der Scharfe Turm. In ihm wurden lange Zeit Gefangene eingesperrt. Belegt ist, dass dort am Ende des Dreißigjährigen Krieges zehn als Hexen und Hexenmeister Verdächtigte gefoltert wurden, ehe man sie hinrichtete. Über dieses dunkle Kapitel und andere Begebenheiten der Lokalgeschichte klärt eine Stadtbesichtigung in Begleitung eines Nachtwächters und eines Stadtsoldaten auf. In ihren mittelalterlichen Gewändern und mit Hellebarde, Laterne und Streitaxt lassen sie die Vergangenheit lebendig werden.

Mittelrhein | **Eifel, Mosel, Mittelrhein**

Viele Fehden und kriegerische Auseinandersetzungen hat die Region um Braubach im Laufe der Jahrhunderte gesehen. Deshalb mutet es wie ein Wunder an, dass die Marksburg seit ihrer Entstehung im 12. Jahrhundert nie zerstört worden ist und noch 900 Jahre später stolz über dem Rhein wachen kann (großes Bild). Innen präsentiert sich die Burg dem Besucher so, als hätten die mittelalterlichen Bewohner das Gemäuer nie verlassen. Höhepunkte einer Besichtigung sind die große Küche (rechts) im Stil der Gotik und die Kemenate mit Himmelbett (ganz rechts).

Braubach, Marksburg

Mancher Reisende mag nach einigen Kilometern auf dem Mittelrhein nicht mehr ganz konzentriert sein. Es sind einfach zu viele Burgen, die Aufmerksamkeit verlangen. Doch bei der Marksburg sollte man auf alle Fälle innehalten, denn sie ist die einzige Höhenburg der Region, die im Lauf ihrer Geschichte niemals zerstört wurde. Wer nicht auf die Erfindung einer Zeitmaschine warten möchte, sollte die Burg besuchen, um ins Mittelalter einzutauchen. Die Festung wurde im 14. Jahrhundert erbaut. Außer Küche, Rittersaal und Kemenate können auch die Wehrgänge besichtigt werden. Zu Füßen der Burg liegt der kleine Ort Braubach, dessen Wurzeln in einem bescheidenen Dörfchen aus dem 7. Jahrhundert liegen. Bei einem Spaziergang durch die engen, gewundenen Gassen können Fachwerkhäuser aus dem 16. bis 18. Jahrhundert bestaunt werden.

Die 1833 veröffentlichten Rheingemälde von Clarkson Stanfield (unten Mitte) wurden in Stahlstiche umgesetzt, erfuhren dadurch große Verbreitung und sorgten bei vielen Menschen für Sehnsucht nach der als perfekt geltenden Rheintallandschaft (rechts: Ansicht von Bingen, von Ernst Grünwald). Zahlreiche Künstler fühlten sich den romantischen Idealen verpflichtet – nicht nur Deutsche. Zu den britischen Liebhabern des Oberen Mittelrheintals gehörten neben Stanfield auch William Turner (unten links: Porträt von Sir John Gilbert) und Lord Byron (unten rechts).

RHEINROMANTIK

An der Wende vom 18. zum 19. Jahrhundert wurden immer mehr Künstler der Strenge des Klassizismus überdrüssig. Stattdessen war bei Literaten, Musikern und Malern Romantik angesagt. Ungezwungen sollte das Leben sein, ursprünglich die Umgebung. Was passte besser zu dieser Ästhetik als die Landschaft des Mittelrheintals mit ihrer noch wilden Natur und den Resten der mittelalterlichen Burgen? Als einer der Begründer der Rheinromantik gilt Friedrich Schlegel, den es 1802 auf dem Weg nach Paris an den Rhein verschlug. Zur selben Zeit machten sich seine Schriftstellerkollegen Achim von Arnim und Clemens Brentano zu Fuß auf, um die Strecke zwischen Bingen und Koblenz zu erkunden. Schnell wurde der Mittelrhein auch im europäischen Ausland populär. Wer sich auf die obligatorische Reise nach Italien begab, versuchte seine Route durch das Mittelrheintal zu legen. Lord Byron, Victor Hugo und Hans Christian Andersen ließen sich diese Variante nicht entgehen. Bildende Künstler mussten eine starke Nachfrage nach romantischen Motiven bedienen. Unter den Malern tat sich William Turner hervor, für Druckgrafiken sorgte etwa William Tombleson. Auch manche Burg wurde in neugotisch-romantischem Stil neu errichtet, etwa Schloss Stolzenfels nahe der Lahnmündung.

Aus Boppards Ufersilhouette ragen die beiden spitzhelmigen Türme von St. Severus heraus (großes Bild). Ihre Baumeister nutzten im 13. Jahrhundert die Fundamente eines Militärbades, das die Römer hinterlassen hatten. Bereits Generationen zuvor hatte dort ein Gotteshaus gestanden, wie ein Taufbecken aus dem 6. Jahrhundert belegt. Innen zeichnet sich die spätromanische Emporenbasilika auf dem Emporengeschoss durch Doppelarkadenöffnungen mit Überfangbögen aus. Den Altar ziert ein Kruzifixus von 1230, ein bedeutendes Werk der staufischen Holzplastik (rechts).

Boppard

Boppard ist durchweg mit ähnlichen Städten am Mittelrhein zu vergleichen, zeichnet sich jedoch durch eine Besonderheit aus: seine Lage an der größten Flussschleife der Region. Vom Panoramapunkt »Vierseenblick« erscheinen die von Hügeln teilweise verdeckten Flussabschnitte als vier voneinander unabhängige Wasserflächen. Der Rest von Boppard ist keine Illusion. Von der Zeit der römischen Besiedlung im 4. Jahrhundert zeugen noch Mauerreste. Ein Jahrtausend später wurde erneut eine Mauer um die Stadt errichtet, von der sich ebenfalls einzelne Stücke erhalten haben. Wer der Burgenbesichtigung am Mittelrhein überdrüssig ist, hat mit Boppard eine gute Alternative gefunden. In der Stadt gibt es elf alte Adelshöfe. Besonders sehenswert ist das restaurierte Ritter-Schwalbach-Haus aus der späten Gotik mit seinen Erkertürmen.

Die Zahl der Aussichtspunkte mit herrlichem Panoramablick aufs Rheintal lässt sich auf dem Rheinabschnitt zwischen Bingen und Koblenz, der zum UNESCO-Welterbe erklärt wurde, kaum beziffern. Zu den Höhepunkten gehört der Blick vom Patersberg nahe der Loreley. Burg Katz liegt hier fast zum Greifen nah (großes Bild). Das Wegenetz ist dicht. Zwar führen die Pfade meist über die Höhe, dazwischen liegen jedoch auch Abschnitte entlang den Weinterrassen. So kann etwa bei Bacharach der Weinbau besonders intensiv erlebt werden (rechts).

WANDERN AUF DEM RHEINSTEIG

Spektakuläre Aussichten, dazu unzählige Burgen, Schlösser und Festungen sowie herrliche Weinberge – das Rheintal bietet sich einfach dafür an, auf Schusters Rappen erkundet zu werden. Seit über hundert Jahren laden auf beiden Seiten des Rheins die Rheinhöhenwege zu erlebnisreichen Wanderungen ein. Doch im Laufe der Zeit traten etliche Schwachstellen dieser alten Wege zutage. Anfang des Jahrtausends sollte ein neuer Wanderweg her, er wurde 2005 als »Rheinsteig« eingeweiht. Die neue Route verläuft linksrheinisch über rund 320 Kilometer vom Bonner Marktplatz bis zum Schloss Biebrich bei Wiesbaden. Sie quert das Siebengebirge, führt um das Neuwieder Becken herum und begleitet den Rhein auf seinem romantischsten Abschnitt zwischen Koblenz und Rüdesheim. Rund 8000 Markierungen mit dem stilisierten R auf blauem Hintergrund weisen dem Wanderer den richtigen Weg. Der Wanderpfad verläuft überwiegend über die Höhen des Rheintals, führt aber beim Durchqueren der vielen Seitentäler auch immer wieder nach unten und nach oben. Der Wanderer wird für seine Mühen mit eindrucksvollen Aussichten auf den Rhein belohnt, der sich hier zwischen den Felsen von Westerwald und Taunus auf der rechten sowie von Eifel und Hunsrück auf der linken Seite hindurchschlängelt.

Wer sich vom Wasser aus St. Goarshausen nähert, hat meistens nicht den Ort (rechts, im Vordergrund), sondern die Loreley im Visier. Unverkennbar ist die Silhouette von Burg Maus über der Stadt (ganz rechts). Burg Katz (großes Bild) hat nur mehr wenig mit der ursprünglichen Burg zu tun. Sie befindet sich in Privatbesitz und kann nicht besichtigt werden.

St. Goarshausen, Burg Katz, Burg Maus

Einer der bekanntesten Orte am Mittelrhein ist St. Goarshausen. Das 1500 Einwohner zählende Städtchen befindet sich am Fuß der Loreley. Neben diesem legendären Felsen sind es vor allem zwei Burgen mit originellen Namen, die die Aufmerksamkeit auf sich ziehen: Burg Katz und Burg Maus. Gebaut wurden beide im 14. Jahrhundert. Burg Maus hatte die Erzbischöfe von Trier als Bauherren, als Reaktion auf den Bau begannen die Grafen von Katzenelnbogen mit dem Bau von Burg Katz. Bis zu Beginn des 19. Jahrhunderts blieb Burg Katz unzerstört, 1806 ließ Napoleon sie sprengen. An die alte Zeit erinnert bei der um 1900 neu errichteten und heute als Hotel genutzten Burg noch der Bergfried. Auch die verfallene Burg Maus wurde nach 1806 neu erbaut. Heute können dort von Frühling bis Herbst Flugvorführungen von Raubvögeln besucht werden.

Burg Rheinfels war im Mittelalter ein bedeutendes Bollwerk (rechts). Noch 1692 musste ein Sturmangriff französischer Soldaten abgewehrt werden. Nach ihrer Zerstörung 1797 wurde die Burg im 19. Jahrhundert als Steinbruch missbraucht. Die Wandmalereien in der evangelischen Stiftskirche von St. Goar (großes Bild) stammen aus dem 15. Jahrhundert. Die Fresken zeigen die Heiligen Quirin und Ludwig, Maria Magdalena und die Muttergottes im Gewölbe des nördlichen Seitenschiffs (oben rechts) sowie den heiligen Laurentius im südlichen Seitenschiff (unten rechts).

St. Goar, Burg Rheinfels

Rund 25 Kilometer Luftlinie flussaufwärts liegt Bingen, in etwa derselben Entfernung flussabwärts Koblenz: St. Goar befindet also im Zentrum des oberen Mittelrheintals. Diese Lage und der Fels der Loreley am gegenüberliegenden Flussufer führen viele Besucher hierher. Oberhalb der Stadt erhebt sich Burg Rheinfels aus dem 13. Jahrhundert, einst die mächtigste Festung der Region. Seit der teilweisen Zerstörung durch französische Revolutionstruppen muss sich dort niemand mehr verteidigen, in einem Hotel und einem Restaurant sind Gäste herzlich willkommen. Als eine Mischung aus Elementen der Romanik und der Gotik präsentiert sich die evangelische Stiftskirche von St. Goar. Sie ist dem Namenspatron der Stadt, dem heiligen Goar, geweiht. Der im Jahr 575 gestorbene Geistliche ist unter anderem Schutzpatron der Schiffer und der Winzer.

Früher mussten viele Segelschiffer um ihr Leben fürchten, wenn sie sich der Loreley näherten. Die Gefahr bestand weniger in den Verlockungen einer blonden Frau als vielmehr in den reißenden Strömungen des verengten Flusstals (großes Bild). Die personifizierte Loreley hat über die Jahrhunderte immer wieder bildende Künstler zu Darstellungen inspiriert. Aus dem Jahr 1850 etwa stammt das Ölgemälde von Philipp von Foltz (unten rechts). Moderner ist die Statue in St. Goarshausen, mit der die Erinnerung an die Legende wachgehalten wird (rechts).

DIE LORELEY

Rund 125 Meter ragt der Schieferfelsen über das Wasser des Rheins empor, doch bei der Loreley geht es um mehr als nur um den puren Stein. Durch ein Gedicht von Heinrich Heine aus dem Jahr 1824 hat die Legende von der dort sitzenden blonden Frau Eingang in den Mythenschatz der Deutschen gefunden: »Ich weiß nicht, was soll es bedeuten / daß ich so traurig bin. / Ein Märchen aus uralten Zeiten, / das kommt mir nicht aus dem Sinn.« Dieses Märchen handelt von der »schönsten Jungfrau«, deren Goldschmuck im Sonnenschein glänzt. Während sie sich ihr goldenes Haar mit einem goldenen Kamm kämmt, singt sie mit lieblicher Stimme ein verlockendes Lied. Kein Wunder, dass die meisten Schiffer unten auf dem Fluss dadurch so abgelenkt werden, dass sie nicht auf die Gefahren des Flusses achten und ihre Schiffe an den Felsen zerschellen lassen. In Heines Worten klingt das romantischer: »Ich glaube, die Wellen verschlingen / am Ende Schiffer und Kahn. / Und das hat mit ihrem Singen / die Lore-Ley getan.« Unsentimental betrachtet verengt sich das Flussbett an der Loreley von 300 Metern auf rund die Hälfte. Dadurch fließt der Rhein schneller, seine Strömungen sind unberechenbar. Um die Passage für die Schifffahrt zu entschärfen, wurden einige der Felsen gesprengt.

Mittelrhein | **Eifel, Mosel, Mittelrhein**

Oberwesel ist einer der bedeutendsten Weinorte am Mittelrhein. Auf den Rheinhängen werden vor allem Riesling, Müller-Thurgau und Kerner kultiviert. Aus der Stadtsilhouette mit den vielen Türmen ragen besonders der Ochsenturm, die Kirche St. Martin mit dem in die Stadtmauer einbezogenen Turm und die Liebfrauenkirche heraus (unten). Die Schönburg hoch über der Stadt (rechts) wurde erstmals 1149 urkundlich erwähnt. 1885 erwarb der Amerikaner T. I. Oakley Rhinelander, dessen Vorfahren aus einem Nachbarort stammten, die Ruine. Heute ist die sanierte Schönburg ein Hotel.

Oberwesel, Schönburg

Als Stadt der Türme und des Weines bezeichnet sich Oberwesel. Zu Recht – denn die begehbare Stadtmauer weist nicht weniger als 16 Wehrtürme auf. In der Region gilt sie als die am besten erhaltene Mauer aus dem Mittelalter. Ein weiterer Turm der Stadt gehört zur Liebfrauenkirche aus dem 14. Jahrhundert. Regelmäßig finden hier Orgelkonzerte auf einem rund 270 Jahre alten Instrument statt. Auf einem steilen Anstieg erreicht man nach einer halben Stunde die Schönburg. Als Ganerbenburg beherbergte sie zeitweise bis zu 250 Bewohner, bevor sie 1689 zerstört wurde. Nach langem Dasein als pittoreske Ruine wurde sie erst 1914 wiederhergestellt. Von ihrer hohen Warte fällt der Blick auf die Weinberge, das zweite Aushängeschild von Oberwesel. Rund 30 Weingüter sind hier ansässig, allein die Großlage Schloss Schönburg umfasst eine Fläche von 72 Hektar.

Von Kaub lugen auf dieser Aufnahme (rechts) zwischen den Burgen Gutenfels und Pfalzgrafenstein gerade noch die Spitzen von Mainzer Torturm – heute ein Hotel – und Pegelturm heraus (rechts). Burg Gutenfels wurde nach wechselvoller Geschichte 1806 von napoleonischen Truppen zerstört, 1892 teilweise wieder aufgebaut. Heute ist sie in Privatbesitz. Die Keimzelle von Burg Pfalzgrafenstein im Rhein war ein 1327 vollendeter Turm. Sein heutiges Aussehen erhielt das weiß strahlende Gebäude im Barock, der Turmhelm stammt von 1714 (großes Bild).

Kaub, Burg Gutenfels, Burg Pfalzgrafenstein

In der Geschichte des 983 erstmals schriftlich erwähnten Ortes Kaub waren die Berufe des Schieferbrechers, des Schiffers und des Winzers maßgeblich. Entsprechend finden sich auf dem Wappen zwei gekreuzte Hämmer, ein Anker und eine Weinrebe. Die Stadtrechte wurden dem Flecken 1324 verliehen, seine neue Bedeutung hatte Kaub seiner Lage zwischen Mainz und Koblenz zu verdanken. Die größte Sehenswürdigkeit findet sich nicht innerhalb der Ortes, sondern im Rhein: Auf einer Insel steht Burg Pfalzgrafenstein, die im 14. Jahrhundert als Zollstation entstand. Einen ungleich höheren Standort, nämlich 110 Meter über dem Fluss, hat Burg Gutenfels. Zwar existiert sie bereits seit dem 13. Jahrhundert, ihren heutigen Namen erhielt die Wehranlage allerdings erst 1504, nachdem sie einer über einmonatigen Belagerung standgehalten hatte.

Oberhalb von Bacharach steht Burg Stahleck. Allein während des Dreißigjährigen Krieges wurde sie achtmal von fremden Truppen erobert. Heute können Kinder und Jugendliche ihrer Fantasie über diese Zeit freien Lauf lassen, denn in der zu Beginn des 20. Jahrhunderts wieder aufgebauten Burg residiert heute eine Jugendherberge (rechts). Die Wernerkapelle wurde zur Erinnerung an den 1287 angeblich von Juden getöteten Knaben Werner errichtet und ist damit auch ein Denkmal der Judenverfolgung. Daneben fällt die Kirche St. Peter auf (großes Bild).

Bacharach, Burg Stahleck

In der ersten Hälfte des 19. Jahrhunderts gab es nur wenige europäische Künstler, die von der Rheinromantik nicht angetan waren. Mittendrin: eine Stadt, über die Victor Hugo 1840 schwärmte: »Wenn die Sonne die Wolkendecke durchdringt und ihr Licht durch eine Luke am Himmel lächelt, gibt es nichts Hinreißenderes als Bacharach.« Ein markantes Gebäude wurde zum Wahrzeichen dieser romantischen Stimmung: die mächtige gotische Ruine der Wernerkapelle. Etwas weiter oberhalb thront Burg Stahleck über Bacharach. Einen Besuch wert ist auch die romanisch-gotische Pfarrkirche St. Peter mit ihrer reichen Ornamentik. Unter den Fachwerkhäusern sticht das Alte Haus von 1568 hervor. Die hervorragend erhaltene Stadtmauer sucht ihresgleichen in der Region. Mit ihren zahlreichen Türmen kann sie auf einigen Abschnitten begangen werden.

Im Mittelalter waren Klöster die Keimzellen des Weinbaus. So war etwa bei den Zisterziensern jedes Kloster dazu verpflichtet, einen Weinberg zu betreiben. Bei dieser langen Tradition haben Nonnen und Mönche auch heute keine Berührungsängste bei der Produktion des alkoholischen Getränks (großes Bild). Zu den Spezialitäten rheinlandpfälzischer Winzer gehört der Eiswein (unten rechts). Auch heute ist die Weinlese bei den teils sehr steilen Hanglagen meist noch mühevolle Handarbeit (Bildleiste rechts: bei Assmannshausen und bei Rüdesheim).

WEIN VOM RHEIN

Das Weinbaugebiet Mittelrhein beginnt bei Bingen im Süden und zieht sich flussabwärts bis nach Bonn. Im nordrhein-westfälischen Teil gehören Oberdollendorf, Königswinter und Rhöndorf dazu. Beim rheinland-pfälzischen Nachbarn sind es die rechtsrheinischen Orte, die sich bis nach Kaub anschließen. Auf der anderen Rheinseite reicht das Gebiet von Bingen bis nach Koblenz. Insgesamt beläuft sich die mit Reben bestockte Fläche auf weniger als 500 Hektar und zählt damit zu Deutschlands kleinsten Weinbaugebieten. Die klimatischen Bedingungen sind mit ausreichenden Regenfällen, milder Luft aus dem Süden und gemäßigten Wintern ideal.

Der Mittelrhein ist Riesling-Land: Auf 70 Prozent der kultivierten Fläche steht diese Weißweintraube. Andere angebaute weiße Sorten sind Müller-Thurgau, Kerner sowie Grau- und Weißburgunder. Beim Rotwein konzentrieren sich die Winzer auf Blauen Spätburgunder, Blauen Portugieser und Dornfelder. Der Anbau ist kein Vergnügen, denn 85 Prozent der Fläche liegen auf steilen Terrassen. Weinbauern, die nur im Nebenerwerb wirtschaften, sind immer seltener dazu bereit, der Natur unter diesen extremen Bedingungen die edlen Tropfen abzutrotzen. Die Folge sind brachliegende Flächen, die von Flora und Fauna allmählich zurückerobert werden.

Wie einem Mittelaltertraum entsprungen wirkt Burg Sooneck oberhalb von Niederheimbach (rechts). Zwar wurde sie im 19. Jahrhundert unter König Friedrich Wilhelm IV. von Preußen als Jagdschloss umgebaut, aber nie als solches benutzt. Innen erwarten den Besucher Waffen, Gemälde und antikes Mobiliar (ganz rechts). Burg Reichenstein erhebt sich über Trechtingshausen. Im Treppenhaus und im Rittersaal kann man angesichts von Jagdtrophäen und Ritterrüstungen in längst untergegangene feudale Welten eintauchen (großes Bild und unten links).

Burg Sooneck, Burg Reichenstein

Heute spricht man von der Burgenromantik im Mittelrheintal. Zu Zeiten der Entstehung der Burgen konnte davon allerdings keine Rede sein. Das trifft auch auf Burg Sooneck zwischen Bacharach und Bingen zu, die Sitz von Raubrittern war. König Rudolf von Habsburg machte dem Treiben 1282 ein Ende. Er ließ die Burg zerstören, erst Jahrzehnte später durfte sie wieder aufgebaut werden. 1834 schlug die Romantik zu, und die Anlage wurde als Jagdschloss umgestaltet. Ein Stück weiter flussaufwärts liegt Burg Reichenstein, die 1282 das Schicksal ihrer Nachbarin teilte. Auch sie sollte im Zuge der Rheinromantik wiederauferstehen. Im Jahr 1902 waren die Bauarbeiten zu einer Wohnburg endlich abgeschlossen. Beide Burgen können heute besichtigt werden. Ihr Inneres hat jedoch nur noch wenig mit den Ursprüngen gemeinsam.

Mittelrhein | **Eifel, Mosel, Mittelrhein**

Zwei Gebäude prägen die Ansicht von Bingen: die Basilika St. Martin, scheinbar greifbar nah (unten links), und weiter entfernt Burg Klopp aus dem 13. Jahrhundert (rechts). Überregional bekannt ist der Mäuseturm, der auf einer Insel im Rhein steht. Er war einst ein schlichter Zollturm, doch die Legende will es anders: Erzbischof Hatto II. verweigerte den Menschen bei einer Hungersnot seine Hilfe. Daraufhin erschienen zur Rache Tausende von Mäusen, die ihn bis in den Turm hinein verfolgten und ihn bei lebendigem Leib auffraßen (großes Bild).

Bingen

Wein, Wein, Wein – das ist die Devise in Bingen. Hier stoßen die Weinbaugebiete Rheinhessen, Mittelrhein und Nahe aneinander. So sind auf der Gemeindemarkung von Bingen 685 Hektar mit Weinstöcken bestellt – mehr als in der gesamten Region Mittelrhein. 1830 kam es aus Zufall zu einer besonderen Erfindung: Damals wurden viele Trauben nicht gelesen und später an das Vieh verfüttert. Mit Erstaunen stellte man dabei fest, dass die Reben noch saftig waren und sich auch nach tiefem Frost noch keltern ließen. Der Eiswein war geboren. Besonders stolz ist man auf das »Historische Museum am Strom – Hildegard von Bingen«. Als ein besonderes Schmuckstück gilt hier das Besteck eines römischen Arztes – Zeugnis der langen Siedlungsgeschichte. Auch über Hildegard von Bingen und die Rheinromantik gibt es hier Erhellendes zu erfahren.

Im 12. Jahrhundert gab es keine naturalistischen Abbildungen von Menschen, Hildegard von Bingen konnte deshalb später nur idealisiert dargestellt werden. Der Hildegardisaltar in der Bingener Rochuskapelle entstand Ende des 19. Jahrhunderts (unten links). Nur wenige Jahre später wurde die neoromanische Benediktinerinnenabtei St. Hildegard in Eibingen bei Rüdesheim errichtet, oft fälschlich als Bau der Romanik bezeichnet (unten rechts; großes Bild: Abteikirche). Reich illustriert zeigen sich die Schriften Hildegards (Bildleiste rechts: »Liber Scivias Domini«).

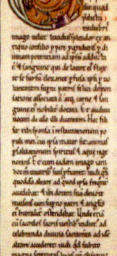

Eifel, Mosel, Mittelrhein | Mittelrhein

HILDEGARD VON BINGEN

Was nur den wenigsten Frauen ihrer Zeit gelungen ist, hat Hildegard von Bingen erreicht: Die Welt spricht noch heute von ihr. Geboren wurde die Benediktinerin um das Jahr 1098, ihren letzten Atemzug tat sie 1179 nach einem erfüllten Leben an ihrer langjährigen Wirkungsstätte, dem Kloster Rupertsberg bei Bingen. Die schriftlichen Zeugnisse belegen, dass sie sich mit vielen Themen beschäftigt hat, so etwa mit Religion, Kosmologie, Musik und Medizin. Dabei hielt sich die Universalgelehrte manches Mal an das Naheliegendste ihrer Region: »Ein Wein von der Rebe, wenn er rein ist, macht dem Trinker das Blut gut und gesund.« Einflussreicher als solche Rezepte waren ihre Visionen und Meinungen, die sie ab 1141 publizierte. Das Original ihres Hauptwerks »Liber Scivias Domini« ist seit dem Zweiten Weltkrieg verschollen, kann aber noch in einer Kopie bewundert werden. Weitere Visionen und Gedanken erschienen im »Liber Vitae Meritorum« und im »Liber Divinorum Operum«. Hildegards umfassende Liedersammlung hat sich über die Jahrhunderte hinweg ebenfalls erhalten; für 69 Stücke liegen nicht nur die Texte, sondern auch die Melodien vor. Ihre letzte Ruhestätte fand Hildegard von Bingen in der Pfarrkirche St. Hildegard und St. Johannes der Täufer in Eibingen, einem Stadtteil von Rüdesheim.

Rüdesheim ist für viele Touristen der Inbegriff deutscher Fachwerk- und Weinseligkeit. In der Altstadt reiht sich eine Weinschänke an die andere (unten links). Nach einem Bummel durch die Gassen von Rüdesheim kann man sich von einer Seilbahn (rechts) zum Niederwalddenkmal hinauftragen lassen (ganz rechts). Am westlichen Ende von Rüdesheim liegen Herrschaftssitze inmitten von Rebfeldern, so etwa die aus dem 12. Jahrhundert stammende Boosenburg, ursprünglich ein Rittersitz und 1872 durch ein neugotisches Wohnhaus ergänzt (großes Bild).

Rüdesheim

Auf der linken Rheinseite Bingen, auf der rechten Rüdesheim: Das Tor zum Welterbe des oberen Mittelrheintals könnte nicht malerischer ausfallen. Für Touristen aus dem Ausland zählt Rüdesheim zu den ersten Adressen, wenn sie auf der Spurensuche nach dem »typischen« Deutschland sind. Wer sich im Zentrum verlaufen sollte, findet automatisch zur Drosselgasse zurück, denn der Strom der Menschen zeigt die Richtung an. Was original wirkt, ist aber lediglich eine Rekonstruktion. Im Zweiten Weltkrieg wurden die meisten der alten Häuser zerstört. Eine weitere Attraktion der Stadt ist das anlässlich der Gründung des Deutschen Reichs 1871 errichtete Niederwalddenkmal. Mit dem Deutschen Eck in Koblenz, dem Völkerschlachtdenkmal in Leipzig und ähnlichen Gedenkstätten zählt es zu den symbolträchtigen Erinnerungsorten der deutschen Geschichte.

Als der französische Schriftsteller Victor Hugo 1840 einige Tage in Bacharach verbrachte, sah er sich in eine Art »Wunderland am Rhein« versetzt. Für seine Eindrücke fand er nur schwärmerische Sätze.

Auch über anderthalb Jahrhunderte später erscheint Bacharach mit seiner turmgespickten, begehbaren Stadtmauer, der Ruine der Wernerkapelle und der Burg Stahleck manchmal wie aus der Zeit gefallen.

ATLAS

Die Landschaften Eifel, Mosel und Mittelrhein bilden einen kulturgeschichtlich, politisch und wirtschaftlich zusammenhängenden Raum. Die Eifel wird im Süden von der Mosel begrenzt, die wiederum in den Mittelrhein mündet. Dieser hat sich sein Bett zwischen Hunsrück und Taunus geschaffen, rechtsrheinisch schließt sich nördlich der Westerwald an. Die Region wird also vor allem von Mittelgebirgen und Flusstälern bestimmt. So hat man die Qual der Wahl, welchen reizvollen Teil man sich zuerst erschließen soll.

Flussschleifen, Weinberge und idyllische Weinorte – so zeigt sich das Moseltal in Vollendung bei Trittenheim. In ihrem Mittel- und Unterlauf hat die Mosel zahlreiche Mäander ausgebildet, wie sie typisch für langsam fließende Gewässer sind.

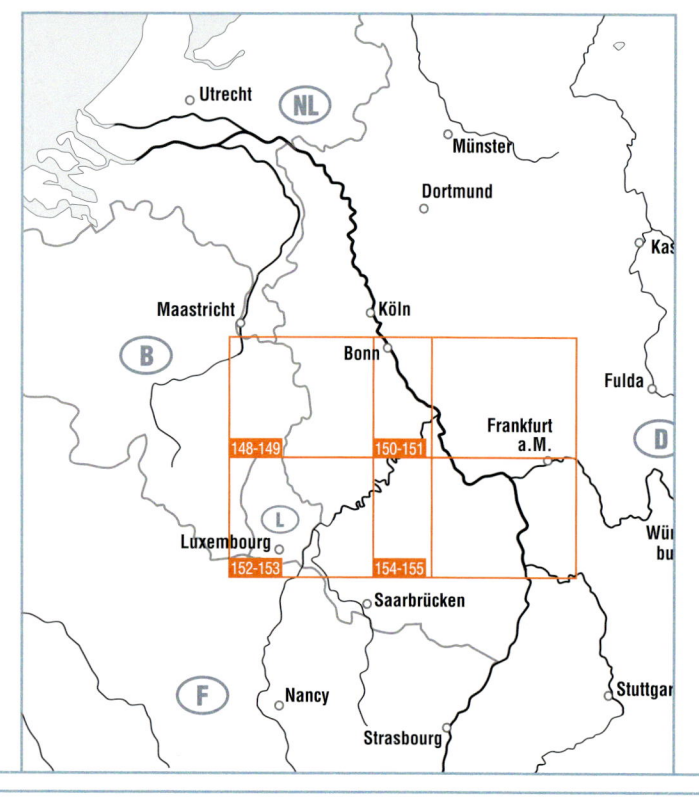

ZEICHENERKLÄRUNG ZU DEN KARTEN 1 : 315 000

- Autobahn (im Bau)
- Mehrspurige Schnellstraße (im Bau)
- Fern-/Nationalstraße (im Bau)
- Wichtige Hauptstraße (im Bau)
- Hauptstraße (im Bau)
- Nebenstraße; Touristenstraße; Straße gesperrt
- Bahnlinie mit Schnellzugverkehr; sonstige Bahnlinie
- Autobahn-/Bundesstraßen-/Europastraßennummer
- Autobahnanschlussstelle mit Nummer; sonstige Anschlussstelle
- Autobahntankstelle/-raststätte/mit Motel/Autohof
- Schnellzug-Bahnhöfe; Autoverladebahnhof
- Flughafen von internationaler/nationaler/regionaler Bedeutung
- Fährhafen; Hafen; Autofähre
- Grenzübergang
- Staatsgrenze; Regionalgrenze
- Militärisches Sperrgebiet; Nationalparkgrenze

Eifel, Mosel, Mittelrhein

LEGENDE

Die Karten auf den folgenden Seiten zeigen Eifel, Mosel und Mittelrhein im Maßstab 1: 315 000. Die geografischen Details werden durch eine Vielzahl touristischer Informationen ergänzt – sowohl durch das ausführlich dargestellte Verkehrsnetz als auch durch Piktogramme, die Lage und Art aller wichtigen Sehenswürdigkeiten und Freizeitziele angeben. Touristisch interessante Städte sind durch einen orangefarbenen Rahmen hervorgehoben. Auch die UNESCO-Weltkultur- und -naturerbestätten sind separat gekennzeichnet.

PIKTOGRAMME

Berühmte Reiserouten
- Touristenstraße
- Autoroute
- Bahnstrecke

Naturlandschaften und -monumente
- UNESCO-Weltnaturerbe
- Vulkan erloschen
- Felslandschaft
- Seenlandschaft
- Flusslandschaft
- Wasserfall/Stromschnelle
- Höhle
- Geysir
- Nationalpark (Flora)
- Nationalpark (Landschaft)
- Naturpark
- Zoo/Safaripark
- Botanischer Garten
- Fossilienstätte
- Schmetterlingsfarm
- Quelle

Kulturmonumente und -veranstaltungen
- UNESCO-Weltkulturerbe
- Vor- und Frühgeschichte
- Römische Antike
- Keltische Geschichte
- Jüdische Kulturstätte
- Kirche
- Kirchenruine
- Romanische Kirche
- Gotische Kirche
- Barockkirche
- Christliches Kloster
- Burg/Festung/Wehranlage
- Burgruine
- Kulturlandschaft
- Imposante Skyline
- Palast/Schloss
- Historisches Stadtbild
- Feste und Festivals
- Information
- Denkmal
- Mahnmal

- Museum
- Freilichtmuseum
- Herausragendes Gebäude
- Sehenswerter Turm
- Bergwerk geschlossen
- Staumauer
- Herausragende Brücke
- Technisches/industrielles Monument
- Weltraumteleskop
- Staumauer
- Weinanbaugebiet

Bedeutende Sport- und Freizeitziele
- Rennstrecke
- Stadion/Arena
- Freizeitpark
- Spielkasino
- Pferdesport
- Mineralbad/Therme
- Freizeitbad
- Wandern/Wandergebiet
- Aussichtspunkt

Eifel, Mosel, Mittelrhein

Maßstab 1:315 000

0 2 4 6 Kilometer

Berühmte Reiserouten

- Touristenstraße
- Bahnstrecke

Herausragende Naturlandschaften und -monumente

- Vulkan erloschen
- Höhle
- Flusslandschaft
- Seenlandschaft
- Nationalpark (Flora)
- Nationalpark (Landschaft)
- Naturpark
- Geysir
- Zoo/Safaripark
- Quelle

152 Ba

Eifel, Mosel, Mittelrhein

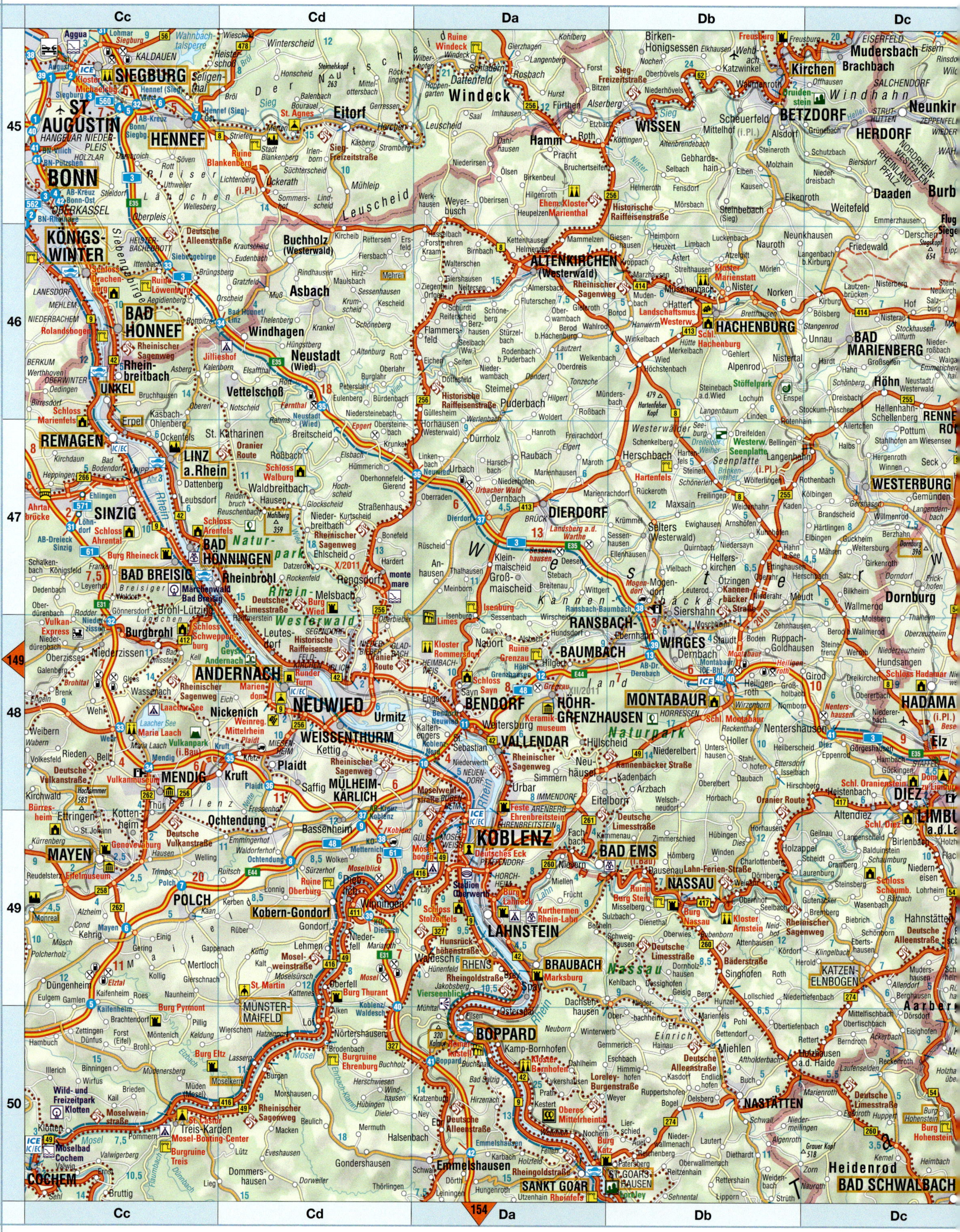

Herausragende Metropolen, Kulturmonumente und -veranstaltungen

- UNESCO-Weltkulturerbe
- Römische Antike
- Kirche
- Romanische Kirche
- Gotische Kirche
- Christliches Kloster
- Burg
- Burgruine
- Palast/Schloss
- Kulturlandschaft
- Industrielles Monument
- Bergwerk geschlossen
- Historisches Stadtbild
- Denkmal
- Museum
- Freilichtmuseum

Sport- und Freizeitziele

- Arena/Stadion
- Therme/Mineralbad
- Freizeitpark
- Aussichtspunkt

Maßstab 1:315 000

Berühmte Reiserouten
- Touristenstraße
- Bahnstrecke

Herausragende Naturlandschaften und -monumente
- UNESCO-Weltnaturerbe
- Vulkan erloschen
- Felslandschaft
- Höhle
- Flusslandschaft
- Wasserfall/Stromschnelle
- Seenlandschaft
- Naturpark
- Geysir
- Zoo/Safaripark
- Schmetterlingsfarm

152 Eifel, Mosel, Mittelrhein

Eifel, Mosel, Mittelrhein

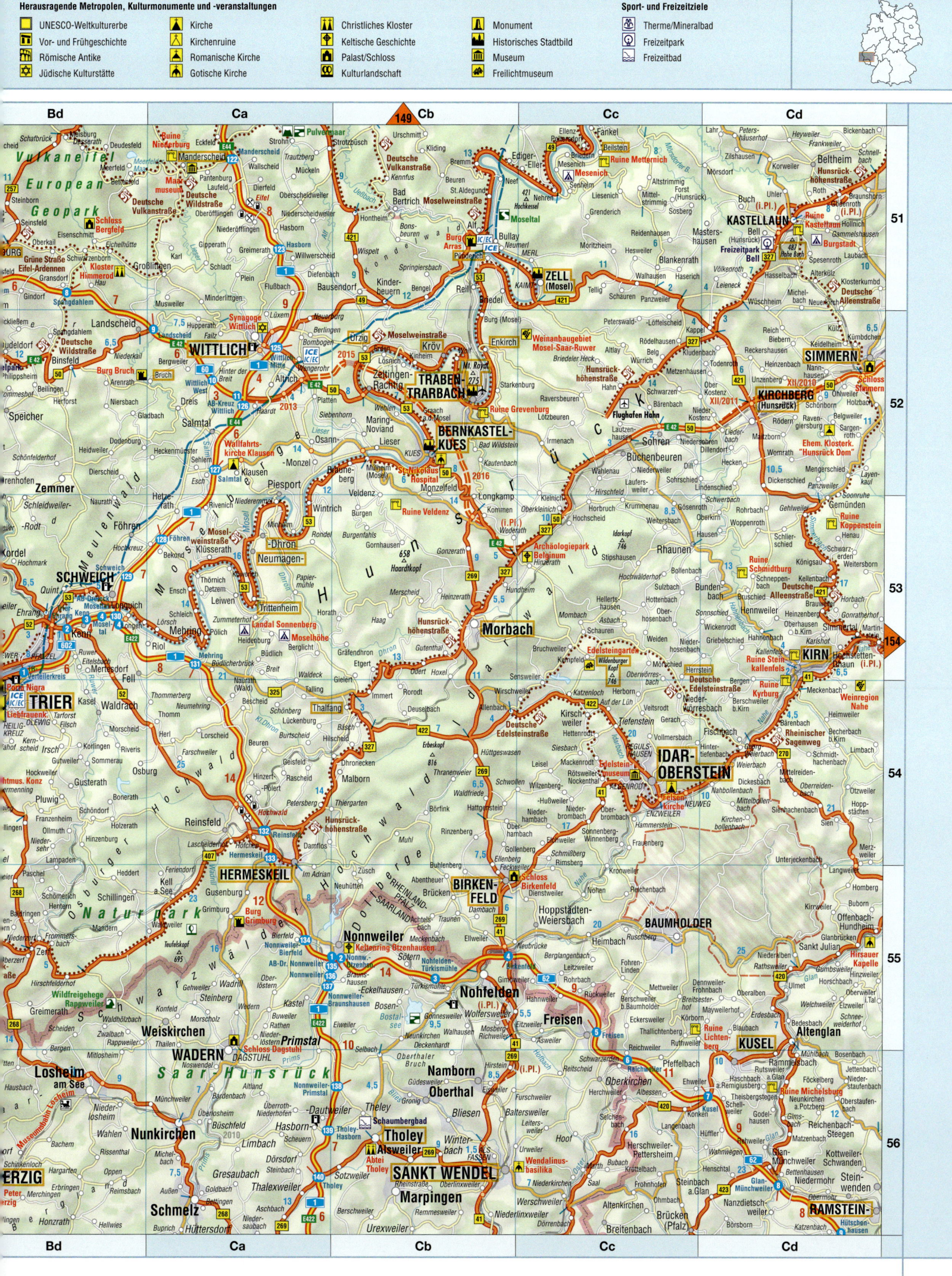

Herausragende Metropolen, Kulturmonumente und -veranstaltungen

- UNESCO-Weltkulturerbe
- Römische Antike
- Jüdische Kulturstätte
- Romanische Kirche
- Gotische Kirche
- Barocke Kirche
- Christliches Kloster
- Weinanbaugebiet
- Skyline
- Denkmal
- Museum
- Freilichtmuseum
- Herausragendes Gebäude
- Sehenswerter Turm
- Herausragende Brücke
- Bergwerk geschlossen

Sport- und Freizeitziele

- Arena/Stadion
- Kasino
- Aussichtspunkt
- Freizeitpark

Die Registereinträge beziehen sich auf die Karten sowie auf den Bildteil. Nach dem Stichwort folgen die fett gedruckten Seitenzahlen und die Suchfeldangaben für den Kartenteil. Danach folgt die Seitenzahl für den Bildteil, zuletzt werden Internetadressen angegeben, die einen raschen Zugriff auf weitere aktuelle Informationen über die in diesem Werk beschriebenen Sehenswürdigkeiten ermöglichen. Die meisten Einträge auf den Bildseiten sind ebenfalls im Kartenteil zu finden, der darüber hinaus eine Fülle weiterer touristischer Hinweise bietet.

A

Stichwort	Seite	Suchfeld	Bild	Internet
Aachen	148	Ba45		www.aachen.de
Abtei Kornelimünster	148	Bb45		www.abtei-kornelimuenster.de
Abtei Maria Frieden	148	Bc48		www.trappistinnen-maria-frieden.de
Abtei St. Hildegard	154	Dc52		www.abtei-st-hildegard.de
Abtei Tholey	153	Cb56		www.abtei-tholey.de
Adenau	149	Ca48	34 f.	www.stadt-adenau.de
Adler- und Wolfspark Kasselburg	149	Bd49		www.adler-wolfspark.de
Aggua	149	Cc45		www.aggua.de/index.php
Ahr			20 ff., 39	de.wikipedia.org/wiki/Ahr
Ahrquelle	149	Bd48		www.blankenheim.de/images/bilderbuch/ahrquelle.jpg
Ahrtal	149	Cb47		www.ahrtal.de
Ahrtalbrücke	149	Cc47		de.structurae.de
Altenahr	149	Cb47	20 f.	www.altenahr.de
Alzey	154	Dc54		www.alzey.de/deutsch/tourismus/index.php
Amöneburg	151	Ed45		www.burgenwelt.de/amoene/gefels.htm
Amphitheater (Trier)			57, 61	www.amphitheater-trier.de/
Andersch, Alfred			52	www.dhm.de/lemo/html/biografien/AnderschAlfred/
Andersen, Hans Christian			117	www.andersen.sdu.dk/index_e.html
Archäologiepark Belgium	153	Cc53		www.morbach.de/bildung-kultur/Belgium.htm
Are, Burg	149	Cb47	20 f.	www.burgenwelt.de/are/are.htm
Arenfels, Schloss	149	Cc47	94	www.schloss-arenfels.de
Arnim, Achim von			117	www.lehrer.uni-karlsruhe.de
Arp-Museum Bahnhof Rolandseck (Remagen)			95	www.arpmuseum.org/
Arras, Burg		Cb51	70, 80	www.arras.de
Assmannshausen	154	Db52	134	www.assmannshausen.de
Augustus (röm. Kaiser)			61	www.imperiumromanum.com
Autobahnkirche Medenbach	155	Ea51		www.autobahnkirche.info/Kirchen/k_16.html

B

Stichwort	Seite	Suchfeld	Bild	Internet
Bacharach	154	Db51	120, 132 f.	www.bacharach.de
Bad Aachen	148	Ba45		www.bad-aachen.de
Bad Breisig	149	Cc47	94 f.	www.bad-breisig.de
Bad Dürkheim	155	Dd56		www.kurzentrum-bad-duerkheim.de
Bad Ems	150	Db49		www.bad-ems.info
Bad Hönningen	149	Cc47	94 f.	www.bad-hoenningen.de/
Bad Münstereifel	149	Ca47	16 f., 41	www.bad-muenstereifel.de/seiten/index.php
Bad Münstereifel, Kloster	149	Ca47	16 f.	www.bad-muenstereifel.de
Bad Nauheim	151	Ec49		www.badnauheim.de
Bad Neuenahr-Ahrweiler	149	Cc47	20 f.	www.bad-neuenahr-ahrweiler.de/
Bad Schwalbach	150	Dc50		www.bad-schwalbach.de
Basilika (Trier)			57 ff.	redaktion.trier.de
Beilstein	153	Cc51	74 f., 81	www.beilstein.de
Bendorf	150	Da48	96 f.	www.bendorf.de
Berg, Schloss			80	www.gemeinde-berg.de/index.php?id=125,25
Berndorf, Jacques			52 f.	www.jacques-berndorf.de/
Bernkastel-Kues	153	Cb52	62 f., 76, 81, 88	www.bernkastel.de
Bertradaburg			46	www.bertradaburg.de/
Besucherbergwerk Grube Fortuna	151	Ea47		www.grube-fortuna.de
Besucherbergwerk Wolfstein	154	Da55		www.kalkbergwerk.com
Biedensand	155	Ea55		www.biedensand-baeder.de
Bingen	154	Db52	138 f.	www.bingen.de
Bismarckturm	155	Dd56		www.bismarcktuerme.de
Bitburg	152	Bc52	48 f.	www.bitburg.de
Bitburger Land			40, 48 f.	www.bitburg-land.de/1_vbg/vbg_ue00.html
Blankenheim	149	Bd48	38 f.	www.blankenheim-ahr.de
Blankenheim, Burg	149	Bd48	38 f., 46	www.jugendherberge.de/jh/rheinland/blankenheim/?m
Blauer Portugieser			23, 135	www.deutscheweine.de
Blauer Spätburgunder			73, 135	www.deutscheweine.de
Bollendorf	152	Bb53	50 f.	www.bollendorf.de
Bonn	149	Cb45		www.bonn.de
Bonner Münster	149	Cb45		www.bonner-muenster.de
Boosenburg			142	www.burgenwelt.de/boosenburg/boosenburg.htm
Boppard	150	Da50	118 f.	www.boppard.de
Bostalsee	153	Cb55		www.bostalsee.de
Botanischer Garten	151	Ea47		www.uni-giessen.de/botanischer-garten
Braubach	150	Da49	100, 114 f.	www.braubach.de
Braunfels	151	Ea47		www.braunfels.de/stadtkern
Braunsberg, Burg			97	www.burgen-adi.at
Breidscheid	149	Ca48	37	www.breidscheid.de
Breinig	148	Bb45		www.stolbergbreinig.de/
Bremm	153	Cb51	54, 73, 84	www.bremm.de
Bremmer Calmont			54	www.bremm-mosel.de/calmont/
Brentano, Clemens			117	www.whoswho.de/templ/te_bio.php?PID=419&RID=1
Brita-Arena	155	Dd51		www.svwehen-wiesbaden.de
Brückenhäuser	154	Db53		www.bad-kreuznach.com/brueckenhaeuser.htm
Bürresheim, Schloss	149	Cc49	28 f.	www.mayen.de/deutsch/frameset-1-0-0-367.html
Bundenbach	153	Cd53	66	www.bundenbach.de
Burg Are	149	Cb47	20 f.	www.burgenwelt.de/are/are.htm
Burg Arras	153	Cb51	70, 80	www.arras.de/html/burg.html
Burg Bad Vilbel	151	Ec50		www.burgenwelt.de/vilbel/gelie.htm
Burg Blankenheim	149	Bd48	38 f., 46	www.blankenheim.de/a-z/die_burg_blankenheim.htm
Burg Bruch	153	Bd52		www.burg-bruch.de/
Burg Cochem	149	Cb50	78 f., 81	www.burg-cochem.de
Burg Eltville	155	Dd51		www.rheingau.de/sehenswertes/eltville
Burg Eltz	149	Cc50	81 ff.	www.burg-eltz.de
Burg Greifenstein	151	Dd46		www.burg-greifenstein.net
Burg Grimburg	153	Ca55		www.hunsrueckkreise.de
Burg Gutenfels	154	Db51	130 f.	rhinecastles.com/hotel-burg-gutenfels
Burg Hohensolms	151	Eb46		www.jugendburg.de
Burg Hohenstein	150	Dc50		www.burg-hohenstein.com/
Burg Hohneck	154	Db51		www.burg-hohneck.de/
Burg Katz	150	Db50	120, 122 f.	www.burg-katz.de/
Burg Lahneck	150	Da49	108 f.	www.burglahneck.de
Burg Laufenburg	148	Bc45		www.dickemauern.de/laufenburg/index.htm
Burg Monschau	148	Bb47	47	www.eifel.info
Burg Montclair	152	Bc56		www.burg-montclair.de
Burg Nassau	150	Db49		www.burg-nassau.de
Burg Neuerburg	152	Bb51		www.eifel.info
Burg Nideggen	148	Bc46	8	www.burg-nideggen.de
Burg Pfalzgrafenstein	154	Db51	130 f.	www.burgenwelt.de/pfalz/pfalz.htm
Burg Pyrmont	149	Cc50	80 f.	www.burg-pyrmont.de
Burg Reifenberg	151	Ea50		www.burgenwelt.de/oberreifen/geober.htm
Burg Rheineck	149	Cc47		www.kreis.aw-online.de
Burg Rheinstein	154	Db52		www.burg-rheinstein.de
Burg Rittersdorf	152	Bc52		www.burg-rittersdorf.de
Burg Runkel	151	Dd48		www.burg-runkel.de
Burg Satzvey	149	Bd46	18 f., 47	www.burgsatzvey.de
Burg Sooneck	154	Db52	136 f.	www.rheinreise.de/Rheinburgen/BurgSooneck.html
Burg Stahleck	154	Db51	132 f.	www.rheinreise.de/Rheinburgen/BurgStahleck.html
Burg Stolberg	148	Bb45		www.stolberg-altstadt.de/die_burg.html
Burg Thurant	149	Cd49		www.thurant.de
Burg Wied	149	Cd47		www.altwied.de/16.19.0.0.1.0.phtml
Burgruine Ehrenburg	149	Cd50		www.burgenreich.de
Burgruine Treis	149	Cc50		www.burgenwelt.de/treis/treis.htm
Burgruine Ulmen	149	Cd50		www.burgenreich.de/de/burguine%20ulmen%20info.html
Butzbach	151	Eb48		www.butzbach.de/
Byron, Lord			116 f.	englishhistory.net/byron.html

C

Stichwort	Seite	Suchfeld	Bild	Internet
Caesar, Julius			61	www.whoswho.de/templ/te_bio.php?PID=1082&RID=1
Calmont			73	www.calmont.info/
Cascade	152	Bc52		www.cascade-bitburg.de/
CHIO Aachen	148	Ba45		www.chio-aachen.de
Cochem	149	Cc50	54, 78 f., 88	cochem.de/tourism
Cochem, Reichsburg	149	Cc50	78 f., 81	www.burg-cochem.de
Commerzbank Arena	155	Eb51		www.neues-waldstadion.de/de/home/index.html
Cond	149	Cc49	78 f., 88	www.cond.de
Constantius I. (röm. Kaiser)			59 ff.	www.wissen.de
Cranach, Lucas d.Ä.			82	www.cranach.de

D

Stichwort	Seite	Suchfeld	Bild	Internet
Darmstadt	155	Eb53		www.darmstadt.de
Daun	149	Ca50		www.vgv-daun.de
Dauner Maare	149	Ca50	42	www.eifelreise.de/Einleitg/DaunerMaare.html
Deutsch-Belgischer Naturpark	148	Bb48		www.naturpark-hohesvenn-eifel.de
Deutsch-Luxemburgischer Naturpark	152	Bb52		dlnp.h9161.serverkompetenz.net
Deutsches Eck	150	Da49	98 ff.	www.koblenz-touristik.de
Dom Frankfurt/Main	155	Eb51		www.dom-frankfurt.de
Dom St. Peter (Trier)	153	Bd54	58, 60	www.dominformation.de
Dom zu Aachen	148	Ba45		www.aachendom.de
Dom zu Limburg	150	Dc48		www.limburgerdom.de
Dom zu Trier	153	Bd54	58, 60	www.dominformation.de
Dom zu Worms	155	Ea55		www.wormser-dom.de
Domina (Rebsorte)			23	www.deutscheweine.de
Dornfelder			23, 73, 135	www.deutscheweine.de
Drachenburg, Schloss	149	Cc46	92	www.schloss-drachenburg.de
Drachenfels (Berg)			92	www.drachenfels.net/
Drachenfels, Burg			92	www.drachenfels.net/html/detail/buh.php
Druidenstein	150	Dc45		de.wikipedia.org/wiki/Druidenstein
Dunkelfelder (Rebsorte)			23	www.deutscheweine.de

E

Stichwort	Seite	Suchfeld	Bild	Internet
Echternach	152	Bc53	47, 50	new.echternach-tourist.lu/
Edelsteingarten	153	Cc53		www.romantische-gaerten.de/46.0.html
Edelsteinmuseum	153	Cc54		www.edelsteinmuseum.de
Ediger	153	Cb51	73	www.ediger.de
Ediger-Eller	153	Cb51	73	www.ediger-eller.de
Ehemaliges Kloster Arnsberg	151	Ec47		www.kloster-arnsburg.de
Ehemaliges Kloster Lorsch und Altenmünster	155	Eb55		www.unesco.ch/work-d/welterbe_d10.htm
Ehemaliges Kloster Marienthal	150	Da45		www.haus-marienthal.de
Ehemaliges Kloster Sponheim	154	Da53		www.denkmalschutz.de/index.php?id=2258
Ehemaliges Kloster St. Thomas	153	Bd51		www.eifel.info
Ehrenbreitstein, Festung			99, 102 f.	www.festungehrenbreitstein.de/deutsch.html
Eibingen	154	Dc52	141	www.eibingen.de
Eifel-Literatur			52 f.	www.eifel-literatur-festival.de/

156 Eifel, Mosel, Mittelrhein

Das pittoresk gelegene Beilstein an der Mosel; die Schwalbennestorgel im Dom zu Trier; die Wasserburg Satzvey in Metternich aus dem 14. Jahrhundert; Burg Stahleck in Bacharach ist heute Jugendherberge (Bildleiste, von links)

Eifel-Nationalpark -> Nationalpark Eifel				www.nationalpark-eifel.de/
Eifelpark	153	Bd52		www.eifelpark.de/
Eisenbahnmuseum Kranichstein	155	Eb53		museumsbahn.de/
Eiserbach-Staudamm			14	de.wikipedia.org/wiki/Stauanlage_Eiserbach
Eishöhlen	149	Bd50		www.gerolsteiner-land.de
Eiswein			134, 139	www.deutscheweine.de
Elbling (Rebsorte)			73	www.deutscheweine.de
Elisabeth Ludovika, Königin von Preußen			106	www.spsg.de/index_1172_de.html
Elisabethkirche	151	Ec45		www.elisabethkirche-mr.de/rundgang/index.htm
Eller	153	Cc51	73	www.eller.de
Eltz, Burg	149	Cc50	81 ff.	www.burg-eltz.de/
Elz	150	Dc48	32 f., 82 f., 87	www.elz.de
Elz(bach)		Dc48	32 f., 82 f., 87	de.wikipedia.org/wiki/Elzbach
Engers, Schloss			97	www.schloss-engers.de/
Eppstein	151	Ea50		www.eppstein.de/de/tourismus/burg
Erdbacherhöhlen	151	Dd46		www.hr-online.de
Eschbacher Klippen	151	Eb49		www.naturpark-hochtaunus.de
Euskirchen	149	Ca46		www.euskirchen.de/index.php?id=1306
Fahrradmuseum	154	Dc52		www.fahrradmuseum-rheinhessen.de
Felsenkirche	153	Cc54		www.felsenkirche-oberstein.de
Felsenmeer	155	Eb54		www.felsenmeer.org
Ferschweiler Plateau	152	Bb53	51	www.eifeltour.de
Feste Ehrenbreitstein	150	Da48		www.festungehrenbreitstein.de
Flughafen Frankfurt am Main	155	Eb51		www.airportcity-frankfurt.de
Flughafen Hahn	153	Cc52		www.hahn-airport.de
Foltz, Philipp von			126	de.wikipedia.org/wiki/Philipp_von_Foltz
Frankfurt am Main	155	Eb51		www.frankfurt.de
Frankfurter Zoo	155	Ec51		www.zoo-frankfurt.de
Fraubillenkreuz			51	www.irrel.de/tourismus/sehenswert/s_menhire.htm
Freilichtmuseum Bad Sobernheim	154	Da54		www.freilichtmuseum-badsobernheim.de
Freilichtmuseum Hessenpark	151	Eb49		www.hessenpark.de
Freilichtmuseum Konz	153	Bd54		www.roscheiderhof.de
Freinsheim	155	Db56		www.stadt-freinsheim.de
Freizeitpark Bell	153	Cd51		www.freizeitparkbell.de/
Freizeitpark Lochmühle	151	Eb49		www.lochmuehle.de/
Freusburg	150	Db45		www.kirchen-sieg.de
Friedberg (Hessen)	151	Ec49		www.friedberg-hessen.de/
Friedrich Wilhelm IV., König von Preußen			106 f., 136	www.preussen.de
Fritz-Walter-Museum	154	Dc56		www.enkenbach-alsenborn.de/kultur/fritz_walter.html
Fürstenberg, Ruine			110	www.schlossfuerstenberg.de
Genovevaburg	149	Cc49	28 f.	www.mayen.de/deutsch/frameset-1-0-0-22.html
Geo-Naturpark Bergstraße-Odenwald	155	Ed55		www.geo-naturpark.de
Gerhardstein, Burg			41	www.roscheiderhof.de/ku/kultur851.html
Gerolstein	149	Bd50	40 f.	www.gerolstein.de
Geysir Andernach	149	Cd48	26	www.geysir-andernach.de/
Goethe, Johann Wolfgang von			108	de.wikipedia.org/wiki/Johann_Wolfgang_von_Goethe
Grauburgunder			135	www.deutscheweine.de
Grevenburg			68, 81	www.burgenwelt.de/grevenburg/index.htm
Großer Ölberg			92	de.wikipedia.org/wiki/Gro%C3%9Fer_%C3%96lberg
Grube Messel	155	Ec52		www.grube-messel.de
Grünberg	151	Ed47		www.gruenberg.de/
Grünwald, Ernst			116	www.gruenwaldernst.de/
Gutenbergmuseum	155	Dd52		www.mainz.de/gutenberg/museum.htm
Gutenfels, Burg	154	Db51	130 f.	rhinecastles.com/hotel-burg-gutenfels
Habsburg, Rudolf von			137	de.wikipedia.org/wiki/Rudolf_I._(HRR)
Hartenfels	150	Db47		de.wikipedia.org/wiki/Burg_Hartenfels
Haus der Deutschen Weinstraße	155	Dd55		www.bockenheim.de/weinstrasse-haus.htm
Heimbach	148	Bc46	46	www.heimbach.de
Heimbach-Weis	150	Da48	97	www.heimbach-weis.de
Heine, Heinrich			127	www.heinrich-heine-denkmal.de/
Heisterbach, Kloster			93	www.rheindrache.de/heisterbach.html
Hengebach, Burg			46 f.	www.burgenwelt.de/hengebach/index.htm
Heppenheim	155	Eb55		www.heppenheim.de/stadtinformation/index.php3
Herborn	151	Ea46		www.herborn.de/
Herschbroich	149	Cb48	37	www.herschbroich.de
Hexenturm	151	Dd50		www.mamilade.de
Hexenturm	155	Ed52		www.helmutpfau.de/hexenturm.htm
Hildegard von Bingen			139 ff.	de.wikipedia.org/wiki/Hildegard_von_Bingen
»Historisches Museum am Strom - Hildegard von Bingen« (Bingen)			139	www.bingen.de/de/4/historisches_museum.html
Hochwildschutzpark Hunsrück	154	Da51		www.hochwildschutzpark.de
Hockenheimring			37	www.hockenheimring.de/
Hohe Acht	149	Cb48	27, 35	www.eifel.de/go/sehenswertes-detail/hohe_acht.html
Homberg (Ohm)	151	Ed45		www.homberg-ohm.de
Hugo, Victor			117, 133	de.wikipedia.org/wiki/Victor_Hugo
Hunsrück	153	Cb53	87	www.hunsruecktouristik.de/
Hunsrückmuseum Simmern			66	www.hunsrueck-museum.de/
Igeler Säule			57, 61, 88	www.welterbe-trier.de/index.php?id=225
Irrel	152	Bc53	50 f.	www.irrel.de
Isenburg	150	Da47		www.burg-isenberg.de/Ruine/index.html
Jesuitenkirche	155	Ea56		www.jesuitenkirche.de
Jüdischer Friedhof	155	Ea55		www.worms.de
Jürgens, Curd			66, 74	de.wikipedia.org/wiki/Curd_J%C3%BCrgens
Käutner, Helmut			66	de.wikipedia.org/wiki/Helmut_K%C3%A4utner
Kaiserpfalz	154	Dc52		www.kaiserpfalz-ingelheim.de
Kaiserslautern	154	Db56		www.kaiserslautern.de
Kaiserthermen (Trier)			57, 60 f.	redaktion.trier.de
Kaktushöhle	149	Bd47		www.nordeifel.de
Kapersburg (Limes)	151	Eb49		limesstrasse.de/Kapersburg/default.htm
Karolinger			47	de.wikipedia.org/wiki/Karolinger
Kasselburg			40	de.wikipedia.org/wiki/Kasselburg
Kastell Zugmantel (Limes)	151	Dd50		www.taunus-wetterau-limes.de
Katharinenkirche	155	Ea53		www.katharinen-kirche.de
Katz, Burg	150	Db50	120, 122 f.	www.burg-katz.de/
Kaub	154	Db51	130 f.	www.kaub.de
Kauzenburg	154	Db53		www.bad-kreuznach.com/kauzenburg.htm
Keltenring Otzenhausen	153	Cb55		www.keltenring-otzenhausen.de
Keramikmuseum	150	Da48		www.keramikmuseum.de
Kerner (Rebsorte)			73, 128, 135	www.deutscheweine.de
Kirchheim-Bolanden	154	Dc55		www.kirchheimbolanden.de/778_1031.html
Klopp, Burg			138 f.	de.wikipedia.org/wiki/Burg_Klopp
Kloster Arnstein	150	Db49		www.praemonstratenser.de/index.htm?arnstein.htm
Kloster Bornhofen	150	Da50		www.wallfahrtskloster-bornhofen.de
Kloster Eberbach	154	Dc51		www.klostereberbach.de
Kloster Himmerod	153	Bd51		www.kloster-himmerod.de
Kloster Ilbenstadt	151	Ec49		www.praemonstratenser.de/index.htm?ilbenstadt.htm
Kloster Jakobsberg	154	Dc52		www.klosterjakobsberg.de
Kloster Limburg	155	Dd56		www.klosterruine-limburg.de/
Kloster Mariawald	148	Bc46		www.kloster-mariawald.de
Kloster Marienstatt	150	Db46		www.abtei-marienstatt.de
Kloster Michaelsberg	154	Cc45		www.kloster-michaelsberg.de
Kloster Rommersdorf	150	Da48	96	www.praemonstratenser.de/141.html
Kloster Schiffenberg	151	Ec47		www.kloster-schiffenberg.de/content/
Kloster Steinfeld	148	Bc47		www.kloster-steinfeld.de
Klosterkirche Enkenbach-Alsenborn	154	Db56		www.enkenbach-alsenborn.de/historie/e_kath.html
Klosterruine Disibodenberg	154	Da54		members.aol.com/KatholingW/page17h.htm
Koblenz	150	Da49	98 ff.	www.koblenz.de
Königsstuhl (Rhens)			112	de.wikipedia.org/wiki/K%C3%B6nigsstuhl_von_Rhens
Königstein	151	Ea50		www.koenigstein.de/sis/aktuell/index.html
Königswinter	149	Cc46	93, 135	www.koenigswinter.de
Konstantinische Schenkung			65	de.wikipedia.org/wiki/Konstantinische_Schenkung
Kramp, Ralf			52	www.ralfkramp.de
Kristallhöhle	151	Ea48		www.kubacherkristallhoehle.de
Kröv	153	Cb52	84	www.kroev.de
Kronburg			38 f.	www.kronburg.de/kronburg/geschichte.php
Kyll			40 f.	de.wikipedia.org/wiki/Kyll
Kyllburg	152	Bc51	40	www.stadt-kyllburg.de/tourismus/burg.htm
Laacher See	149	Cc48	24 f.	www.seen.de/seebi/seedetails/Laacher_See
Ladenburg	155	Eb56		www.ladenburg.de/
Lahneck, Burg	150	Da49	108 f.	www.burglahneck.de
Lahnstein	150	Da49	108 f.	www.lahnstein.de/
Landesmuseum Koblenz			101	www.landesmuseumkoblenz.de/
Landschaftsmuseum Westerwald	150	Db46		www.landschaftsmuseum-ww.de
Landshut, Burg			62 f., 81	de.wikipedia.org/wiki/Burg_Landshut
Lauda, Niki			37	de.wikipedia.org/wiki/Niki_Lauda
Lenné, Peter Joseph			106	de.wikipedia.org/wiki/Peter_Joseph_Lenn%C3%A9
Leopold-Hoesch-Museum	148	Bc45		www.leopoldhoeschmuseum.de
»Liber Divinorum Operum« (Hildegard von Bingen)			141	www.heiligenlexikon.de
»Liber Scivias Domini« (Hildegard von Bingen)			140 f.	www.heiligenlexikon.de
»Liber Vitae Meritorum« (Hildegard von Bingen)			141	www.heiligenlexikon.de
Liebenstein, Schloss			110	www.schloss-liebenstein.de/
Liebfrauen-Kirche	154	Da51		www.welterbe-mittelrheintal.de/index.php?id=329
Liebigmuseum	151	Eb47		www.liebig-museum.de
Limes	150	Da48		www.deutsche-limeskommission.de
Linz am Rhein	149	Cc47		www.linz.de
Löwenburg (Monreal)			32	www.burgenwelt.de/monreall/monreall.htm
Loreley	150	Db50	90, 110, 122 f., 125 ff	www.loreley-touristik.de
Lothar I. (fränk. Kaiser)			44	de.wikipedia.org/wiki/Lothar_I._(Frankenreich)

Eifel, Mosel, Mittelrhein 157

Name	Page	Grid	Ref	URL
Lottehaus	151	Eb47		www.deutsche-museen.de
Ludwig der Bayer			41	de.wikipedia.org/wiki/Ludwig_IV._(HRR)
Ludwigshafen	155	Ea56		www.ludwigshafen.de
Luxemburg	152	Bc55	39	www.auswaertiges-amt.de

M

Name	Page	Grid	Ref	URL
Maare			27, 42 f.	de.wikipedia.org/wiki/Maar
Maarmuseum	153	Ca51		www.maarmuseum.de
Märchenwald Bad Breisig	149	Cc47		www.maerchenwald-bad-breisig.de
Mäuseturm	154	Db52	138	www.bingen.de/tourist/sehenswertes/imp_6.htm
Mainz	155	Dd52		www.mainz.de
Malberg	153	Bd51	40	www.malberg.de
Mannheim	155	Ea56		www.mannheim.de
Maria Laach	149	Cc48	24 f.	www.maria-laach.de
Maria Martental Kloster	149	Cb50		www.kloster-maria-martental.de
Mariendom	149	Cd48		www.andernach.n/
Marienfels, Schloss	149	Cc47	94	de.wikipedia.org/wiki/Schloss_Marienfels
Marksburg	150	Da49	114 f.	www.marksburg.de
Martberg (Tempelanlage)			61	martberg.webdesign-lohmann.de/index.php/home.html
Martins Kirche	154	Db52		www.autobahnkirche.info/Kirchen/k_08.html
Mathildenhöhe	155	Eb53		www.mathildenhoehe.info
Maus, Burg			122 f.	www.burg-maus.de/
Mayen	149	Cc49	28 f.	www.mayen.de
Mayschoß	149	Cb47	20	www.mayschoss.de
Mechernich	149	Bd46	19	www.mechernich.de
Meisenheim	154	Da54		meisenheim.de/sehenswertes.htm
Mendig	149	Cc48	26	www.mendig.de
Merl	153	Cc51	70	www.merl.de
Messe	155	Eb51		www.messefrankfurt.com
Messe Frankfurt	155	Eb51		www.messefrankfurt.com
Metternich, Burg			81	www.hotel-burgfrieden.de/burg/
Möhring, Bruno			69	de.wikipedia.org/wiki/Bruno_M%C3%B6hring
Monreal	149	Cc49	32 f.	www.monreal-eifel.de
Monschau	148	Bb47	12 f.	www.monschau.de/touristik
Monschau, Burg	148	Bb47	47	www.eifel.de
monte mare	149	Cd47		rengsdorf.monte-mare.de/
monte mare	154	Db56		kaiserslautern.monte-mare.de/
monte mare	155	Ec51		www.monte-mare.de/de/obertshausen.html
monte mare	149	Ca46		www.monte-mare.de/standorte/rheinbach/
Monzingen	154	Da53		www.monzingen.de
Moselbad Cochem	149	Cc50		www.moselbad.de/
Moselschifffahrt			88 f.	mosel-personenschifffahrt.de/
Moseltal	153	Cb51		www.mosel.de
Moselweinstraße	153	Cb51	73	de.wikipedia.org/wiki/Moselweinstra%C3%9Fe
Müller-Thurgau			73, 128, 135	www.deutscheweine.de
Münstermaifeld			86	www.muenstermaifeld.de/
Münzenberg	151	Ec48		www.burgenwelt.de/muenzen/muenzen.htm
Mürlenbach	149	Bd50	46	www.muerlenbach.de/
Museumsbahn Losheim	153	Bd56		www.mecl.de
Museumsufer	155	Eb51		frankfurt-interaktiv.de

N

Name	Page	Grid	Ref	URL
Nationalpark Eifel	148	Bc46	10 f., 31	www.nationalpark-eifel.nrw.de
Naturpark Hoch-Taunus	151	Eb48		www.naturpark-hochtaunus.de
Naturpark Nassau	150	Da49		www.naturparknassau.de
Naturpark Nordeifel	148	Bc49		www.naturpark-hohesvenn-eifel.de/
Naturpark Rhein-Taunus	151	Dd50		www.naturparke.de/park_info.php?nid=28
Naturpark Rhein-Westerwald	149	Cd47		www.naturparke.de/park_info.php?nid=27
Naturpark Rheinland	149	Cd46		www.naturpark-rheinland.de
Naturpark Saar-Hunsrück	153	Ca55		www.naturpark.org
Nennig, Mosaik von			60	www.roscheiderhof.de/umgebung/nennig.html
Neuerburg	152	Bb51		www.neuerburg-eifel.de/
Neumagener Weinschiff			60, 88	www.neumagen-wineship.de/
Neumann, Balthasar			45, 100	de.wikipedia.org/wiki/Balthasar_Neumann
Neuwied	149	Cd48	96 f.	www.neuwied.de
Neuwied, Schloss			96 f.	www.neuwied.de/schloss-neuwied.html
Neuwieder Becken			121	www.neuwieder-becken.de/
Nibelungenmuseum	155	Ea55		www.nibelungenmuseum.de
Nideggen, Burg	148	Bc46	8	www.burg-nideggen.de/cms/front_content.php
Niederburg	154	Da51	80	www.niederburg.de
Niederheimbach	154	Db51	136	www.niederheimbach.de
Niederwald-Denkmal	154	Db52	142 f.	www.niederwalddenkmal.de
Nikolaus von Kues			64 f.	www.nikolaus-von-kues.de/
Nürburg	149	Ca49	34 f.	www.nuerburg.de
Nürburgring	149	Ca49	36 f.	www.nuerburgring.de
Nürburgring-Nordschleife	149	Cb48		www.nuerburgring.de/

O

Name	Page	Grid	Ref	URL
Oberdollendorf			135	www.oberdollendorf.de/
Oberes Mittelrheintal	150	Da50		www.welterbe-mittelrheintal.de
Oberwesel	154	Da51	90, 128 f.	www.oberwesel.de
Observatorium Effelsberg		149	Ca47	www.mpifr-bonn.mpg.de/div/effelsberg
Offenbach a. Main	155	Ec51		www.offenbach.de
Oleftalsperre	148	Bb47	15	www.wver.de/talsperren/Oleftalsperre.htm

P

Name	Page	Grid	Ref	URL
Palmengarten	155	Eb51		www.palmengarten-frankfurt.de
Patersberg	150	Db50	120	www.patersberg.de
Pelm	149	Bd49	40	www.pelm.de
Petersberg	153	Ca54	93	www.petersberg.de
Pfalzgalerie	154	Db56		www.pfalzgalerie.de
Pfalzgrafenstein, Burg	154	Db51	130 f.	www.burgenwelt.de/pfalz/pfalz.htm
Phantasialand	149	Ca45		www.phantasialand.de/
Philippsburg (Monreal)			33	www.burgenwelt.de/monrealp/monrealp.htm
Philippsburg, Schloss (Koblenz)			100	www.regionalgeschichte.net
Piesport	153	Ca52	76	www.piesport.de
Pinnerberg			79	www.pinneberg.de/typo3/
Poppelsdorfer Schloss	149	Cb45		www.bonn-region.de
Prüm	148	Bc50	44 f., 47, 51	www.pruem.de
Pünderich	153	Cb51	76	www.puenderich.de
Pützlöcher (Kupferbergwerk)			61	www.strasse-der-roemer.de
Pulvermaar	149	Ca50		www.vulkaneifel.com
Pyrmont, Burg	149	Cc50	80 f.	www.burg-pyrmont.de

Q

Name	Page	Grid	Ref	URL
Quiddelbach	149	Ca49	37	www.quiddelbach.de

R

Name	Page	Grid	Ref	URL
Regent (Rebsorte)			23, 73	www.deutscheweine.de
Reichenstein, Burg			136 f.	www.burg-reichenstein.de/
Remagen	149	Cc47	94 f.	www.remagen.de
»Rhein in Flammen«			104 f.	www.rhein-in-flammen.com/
Rhein-Main-Therme	155	Ea51		www.rhein-main-therme.de/
Rheinfels	150	Da50	124 f.	www.burg-rheinfels.com
Rheingrafenstein	154	Db53		burgenspiegel.de/content/view/45/39/
Rheinhochwasser			100 f.	www.nrw2000.de/nrw/hochwasser.htm
Rheinisches Freilichtmuseum	149	Bd46		www.kommern.lvr.de
Rheinromantik			116 f., 133, 137, 139	www.rheinromantik.de/
Rheinsteig			120 f.	www.rheinsteig.de
Rhens	150	Da49	112 f.	www.rhens.de
Riesling			73, 128, 135	www.deutscheweine.de
Rock am Ring	149	Ca49	37	rock-am-ring.com
Römer			23, 29, 41, 51, 56 ff., 70, 97, 99, 111, 118 f	de.wikipedia.org/wiki/Römisches_Reich
Römerbrücke (Trier)			57, 61	www.treveris.com/roemerbruecke.htm
Römerhalle	154	Db53		www.stadt-bad-kreuznach.de
Römerkanal Wanderweg	149	Bd47		www.eifelverein.de/aktivitaeten/detail.php?id=31
Römerkastell Saalburg	151	Eb47		www.saalburgmuseum.de
Römertherme	149	Bd46		www.roemer-therme.de/
Römische Villa Nennig	152	Bb56		www.nennig.de/sehenw/nennig.html
Rolandsbogen	149	Cc46		de.wikipedia.org/wiki/Burg_Rolandseck
Rommersdorf, Prämonstratenserkloster	150	Da48	96	www.praemonstratenser.de/141.html
Rommersheim	148	Bc50	52	www.rommersheim.de/
Rotenfels	154	Db53		www.rotenfels.com/
Rotweinwanderweg			20, 22	www.rotweinwanderweg.de/
Rüdesheim	154	Dc52	134, 141 ff.	www.ruedesheim.de
Ruine Altenbaumburg	154	Db54		www.altenbaumburg.de
Ruine Burg Stein	150	Db49		www.burgenwelt.de/stein2/index.htm
Ruine Frauenberg	151	Ec45		www.frauenberg.de
Ruine Grenzau	150	Da48		www.wwv-hg.de/burg_red1.htm
Ruine Grevenburg	153	Cb52		www.burgenwelt.de/grevenburg/index.htm
Ruine Hardenburg	154	Dc56		www.bad-duerkheim.de
Ruine Koppenstein	153	Cd53		www.hunsrueckreise.de
Ruine Kyrburg	153	Cb53		www.kyrburg.de/sites/kyrburg/index.html
Ruine Lichtenberg	153	Cc55		www.info-westpfalz.de
Ruine Lindenfels	155	Ec54		www.lindenfels.de/sites/k_t/sehenswue/gesch_burg.htm
Ruine Metternich	153	Cc51		www.burgmetternich.de
Ruine Michelsburg	153	Cd56		www.burgenwelt.de/michelsburg/index.htm
Ruine Niederburg	153	Ca51		www.niederburg-manderscheid.de
Ruine Nürburg	149	Ca49		www.burgenwelt.de/nuerburg/nuerburg.htm
Ruine Rheinberg	154	Db51		www.rheingau.de/sehenswertes/rheinberg
Ruine Rodenstein	155	Ec54		www.ruine-rodenstein.de
Ruine Schauenburg	155	Ec56		www.schauenburg.de.vu
Ruine Schmidtburg	153	Cd53		www.burgenreich.de
Ruine Steinkallenfels	153	Cd53		www.burgenreich.de
Ruine Windeck	155	Eb56		www.rohewo.de/burgruine-windeck/index.html
Runder Turm	149	Cd48		www.eifel.de
Rupertsberg, Kloster			141	www.regionalgeschichte.net/
Rur	148	Bc46	10, 12 f.	www.kajaktour.de/rur.htm
Rursee	148	Bc46	14	www.rursee.de/touristik/rursee.php
Rurtalsperre	148	Bc46	8, 15	www.wver.de/talsperren/Rurtalsperre.htm

S

Name	Page	Grid	Ref	URL
Saarburger Wasserfall	152	Bc55		www.irsch-saar.de/sehenswuerdigkeiten.htm
Saarschleife	152	Bc55		www.tourist-info.mettlach.de
Salinarium	155	Dd56		www.salinarium.de/
Sankt Goar	150	Da50	104, 124 f.	www.sankt-goar.de
Sankt Goarshausen	150	Da50	122 f.	www.sankt-goarshausen.de
Sankt Thomas	152	Bc51	40	www.sankt-thomas.de
Satzvey, Burg	149	Bd46	18 f., 47	www.burgsatzvey.de
Sayn	150	Da48	96 f.	www.sayn.de

In Monschau säumen Fachwerkhäuser den kleinen Fluss Rur; Münstermaifeld: der Flügelaltar von St. Martin & St. Severus; Schloss Bürresheim bei Mayen; Bad Breisig am Rhein; Pulverturm und Pfarrkirche St. Peter in Zell (Bildleiste, von links)

Name	Seite	Karte	Zusatz	URL
Sayn, Burg			97	www.sayn.de/
Sayn, Prämonstratenserabtei			96 f.	www.bendorf-geschichte.de/bdf-0001.htm
Sayn, Schloss	150	Da48	97	www.sayn.de
Schalkenmehrener Maar			42	www.eifel.de
Schaumbergbad	153	Cb56		www.schaumbergbad.de/
Schell, Maria			66	de.wikipedia.org/wiki/Maria_Schell
Schieferbergwerk, Deutsches			29	www.mayenzeit.de/
Schiffstunnel	151	Dd47		www.weilburg-lahn.info/sehwert/schifft.htm
Schinderhannes (Johann Bückler)			66 f., 74	de.wikipedia.org/wiki/Johannes_B%C3%BCckler
Schinkel, Karl Friedrich			107	de.wikipedia.org/wiki/Karl_Friedrich_Schinkel
Schlegel, Friedrich			6, 117	de.wikipedia.org/wiki/Friedrich_Schlegel
Schloss Ahrental	149	Cc47		www.schloss-ahrental.de
Schloss Arenfels	149	Cc47	94	www.schloss-arenfels.de
Schloss Bad Homburg	151	Eb50		www.schloesser-hessen.de
Schloss Biebrich	155	Dd51		www.rheingau.de/sehenswertes/biebrich
Schloss Braunfels	151	Ea47		www.braunfels.de/schloss
Schloss Bürresheim	149	Cc49	28 f.	www.mayen.de/deutsch/frameset-1-0-0-367.html
Schloss Burgau	148	Bc45		www.schloss-burgau-events.de/0000/informationen.html
Schloss Dagstuhl	153	Ca55		www.schlossdagstuhl.de/
Schloss Diez	150	Dc48		www.neues-schloss-diez.de/
Schloss Drachenburg	149	Cc46	92	www.schloss-drachenburg.de
Schloss Emmerichshofen	155	Ed51		de.wikipedia.org/wiki/Schloss_Emmerichshofen
Schloss Friedelhausen	151	Ec46		de.wikipedia.org/wiki/Schloss_Friedelhausen
Schloss Hachenburg	150	Db46		www.hachenburg.de/stadt/hachenburger_schlosm.htm
Schloss Hadamar	150	Dc48		de.wikipedia.org/wiki/Schloss_Hadamar
Schloss Hamm	152	Bc51		www.schlosshamm.de/
Schloss Heiligenberg	155	Eb54		www.schlossheiligenberg.de/
Schloss Johannisberg	154	Dc52		www.schloss-johannisberg.de
Schloss Kranichstein	155	Ec53		www.hotel-jagdschloss-kranichstein.de
Schloss Lichtenberg	155	Ec54		www.schloss-lichtenberg.de
Schloss Malberg	153	Bd51		www.schloss-malberg.de
Schloss Mannheim	155	Ea56		www.schloesser-magazin.de/de/objekte/ma/math.php
Schloss Marburg	151	Ec45		www.marburg.de/detail/47237
Schloss Marienfels	149	Cc47	94	de.wikipedia.org/wiki/Schloss_Marienfels
Schloss Monaise	152	Bc54		www.schloss-monaise.de
Schloss Montabaur	150	Db48		www.hotelschlossmontabaur.de
Schloss Nörvenich	149	Bd45		www.europaeische-kultur-stiftung.org
Schloss Oranienstein	150	Dc48		de.wikipedia.org/wiki/Schloss_Oranienstein
Schloss Sayn	150	Da48	97	www.sayn.de
Schloss Schaumburg	150	Dc49		www.schloss-schaumburg.de
Schloss Schmidtheim	148	Bc48		www.eifelreise.de/S/Schmidtheim.html
Schloss Schönborn	155	Ec51		www.stadt-heusenstamm.de
Schloss Simmern	153	Cd52		www.simmern.de/e/Neues_Schloss.html
Schloss Stolzenfels	150	Da49		www.schloss-stolzenfels.de/
Schloss Weilburg	151	Dd48		www.schloesser-hessen.de
Schlosskirche Meisenheim	154	Da54		meisenheim.de/sehenswkirche.htm
Schneifel	148	Bb49	44 f.	de.wikipedia.org/wiki/Schneifel
Schönburg	154	Db51	128 f.	www.schoenburg.de/
»Schwarzer Mann« (Berg)	148	Bb49	44 f.	de.wikipedia.org/wiki/Schwarzer_Mann
Schwedensäule	155	Ea53		www.sagen.at
Selterswasser-Quellen	151	Dd49		www.selters-taunus.de/index.php?nav=Geschichte
Siebengebirge	149	Cc46	92 f., 121	www.siebengebirge.de/
Simmern	153	Cd52	67	www.simmern.de
Sooneck, Burg	154	Db52	136 f.	www.rheinburgen.de/Rheinburgen/BurgSooneck.html
Spielbank Bad Dürkheim	155	Dd56		www.casino-bad-duerkheim.de
St. Agnes	149	Cd45		www.graf-von-berg.de/kkk-merten-st-agnes.htm
St. Hildegard (Benediktinerinnenabtei, Eibingen)			140	www.abtei-st-hildegard.de
St. Lutwinus	152	Bc56		www.lutwinuswerk.de/pageID_615276.html
St. Luzia	148	Ba50		www.eschfeld.de/Seiten/Touristik/sehensw/kirche.html
St. Maria Dieburg	155	Ec53		de.wikipedia.org
St. Martin	149	Cd49		eifelreise.de/M/Muenstermaifeld.html
St. Martin	149	Ca46		www.st-martin-euskirchen.de
St. Nikolaus Hospital	153	Cb52		www.bernkastel-kues.de
St. Peter Merzig	153	Bd56		www.sankt-peter-merzig.de/index2.php
St. Salvator	148	Bc50		www.basilika-pruem.de/
Stadion am Bruchweg	155	Dd52		www.mainz05.de
Stadion Bieberer Berg	155	Ec51		www.ofc.de/
Stadion Oberwerth	150	Da49		www.tuskoblenz.de/stadion.php
Stadt Blankenberg	149	Cd45		www.stadt-blankenberg.de/
Stahleck, Burg	154	Db51	132 f.	www.rheinreise.de/Rheinburgen/BurgStahleck.html
Stanfield, Clarkson			116 f.	de.wikipedia.org/wiki/Clarkson_Stanfield
Steffelnkopf	148	Bc49		www.steffeln.de
Sterrenberg, Burg			110	www.burg-sterrenberg.de/
Stöffelpark	150	Db46		www.stoeffelpark.de/
Stolberg	148	Bb45		www.stolberg-altstadt.de
Stolzenfels, Schloss			106 f., 117	www.schloss-stolzenfels.de
Straße der Römer			61	www.strasse-der-roemer.de/cgi-bin/cms
Stüler, Friedrich August			107	de.wikipedia.org/wiki/Friedrich_August_St%C3%BCler
Synagoge Wittlich	153	Ca52		www.wittlich.de/kultur/synagoge/synagoge.htm
Taunus Wunderland	154	Dc51		www.taunuswunderland.de
Tivoli	148	Ba45		www.alemannia-aachen.de/stat/stadion.asp
Tombleson, William			117	de.wikipedia.org/wiki/William_Tombleson
Totenmaar -> Weinfelder Maar				de.wikipedia.org/wiki/Weinfelder_Maar
Traben-Trarbach	153	Cb52	68 f., 81, 85	www.traben-trarbach.de/
Trechtingshausen	154	Db52	136	www.trechtingshausen.de
Trier	153	Bd54	56 ff.	www.trier.de
Trittenheim	153	Ca53	84	www.trittenheim.de
Turmuhrenmuseum	154	Db55		www.museum-fuer-zeit.de
Turner, William			116 f.	de.wikipedia.org/wiki/William_Turner
Urft	149	Bd47	14	www.urft.de
Urfttalsperre			14 f.	de.wikipedia.org/wiki/Urfttalsperre
Valentinuskirche	154	Dc51		www.rheingau.de/sehenswertes/valentinus
Victoria (brit. Königin)			107	de.wikipedia.org
Viebig, Clara			52 f.	www.clara-viebig-gesellschaft.de/
Vierseenblick	150	Da49		de.wikipedia.org/wiki/Vierseenblicklift
Villa Otrang (Römisches Landgut)	152	Bc51		www.eifeltour.de
Vogelburg	151	Ea49		www.vogelburg.de
Vulkan-Express	149	Cc48		www.vulkan-express.de/
Vulkaneifel European Geopark	149	Bd49		www.vulkaneifel-european-geopark.de
Vulkanmuseum Lava Dome	149	Cc48	26	www.lava-dome.de
Vulkanpark	149	Cc48		www.vulkanpark.com
Wachenburg	155	Ec56		www.wachenburg.de
Waldspirale	155	Eb53		www.darmstadt.de
Wallender Born Kaltwassergeysir	149	Bd50		de.wikipedia.org/wiki/Wallender_Born
Wallfahrtskirche	155	Ea56		www.wallfahrtskirche-maria-himmelfahrt-oggersheim.de/
Wallfahrtskirche Klausen	153	Ca52		www.pfarramt.klausen.de
Wehebach Stausee	148	Bb45		de.wikipedia.org/wiki/Wehebachtalsperre
Wehener Schloss	151	Dd50		www.batusura.de/wehen/schloss.htm
Weinanbaugebiet Ahr	149	Cb47		www.wein.de/235.0.html
Weinanbaugebiet Mosel-Saar-Ruwer	153	Cc52		www.wein.de/237.0.html
Weinfelder Maar			42	de.wikipedia.org/wiki/Weinfelder_Maar
Weingebiet Hessische Bergstrasse	155	Eb54		www.wein.de/241.0.html
Weinheim	155	Eb55		www.weinheim.de/index.html
Weinregion Mittelrhein	149	Cd48		www.wein.de/236.0.html
Weinregion Nahe	153	Cd54		www.wein.de/239.0.html
Weinregion Rheingau	154	Db51		www.wein.de/238.0.html
Weinregion Rheinhessen	155	Dd53		www.wein.de/240.0.html
Weißer Burgunder			73, 135	www.deutscheweine.de
Wendalinusbasilika	153	Cc56		www.bostalsee.de
Wernerkapelle			132 f.	de.wikipedia.org/wiki/Wernerkapelle
Weschnitztalbahn	155	Ec55		www.weschnitztalbahn.de.vu/
Westerwälder Seenplatte	150	Db47		www.westerwaelder-seenplatte.de
Wetzlar	151	Ea47		www.wetzlar.de
Wetzlarer Dom	151	Eb47		www.dom-wetzlar.de
Wiesbaden	155	Dd51		www.wiesbaden.de
Wild- und Freizeitpark Klotten	149	Cc50		www.freizeitpark-klotten.de/
Wildenburg	148	Bc47		www.wildenburg-eifel.de/
Wildfreigehege Rappweiler		153	Bd55	www.weiskirchen.de
Wildpark Daun	149	Ca50		www.wildpark-daun.de
Wilhelm I. (dt. Kaiser)			98 f., 104	de.wikipedia.org/wiki/Wilhelm_I._(Deutsches_Reich)
Wilhelmsturm	151	Dd45		www.dillenburg.de
Winningen (Villa Rustica)	149	Cd49	61	www.strasse-der-roemer.de
Wispertal	154	Db51		www.wispertal.com/
Zell (Mosel)	153	Cc51	70 f., 85	www.zellmosel.de/Tourismus.shtml
Zuckmayer, Carl			67	www.carl-zuckmayer.de/uebercz
Zwingenberg	155	Eb54		www.zwingenberg.de

Eifel, Mosel, Mittelrhein 159

Bildnachweis

B = Bilderberg
C = Corbis
H = Bildagentur Huber
M = Mauritius
L = laif
P-A = Picture-Alliance

Cover vorne : Zielske; Cover hinten: L/Berthold Steinhilber; Rücken: laif/Heuer; S. 1: Werner Otto, S. 2/3: Zielske, S. 4/5: Zielske, S. 5/7: Ifa/Lecom, S. 8 u.: H/Klaes, S. 8/9: M/imagebroker/Sabine Lubenow, S. 10 o.: Look/Engel&Gielen, S. 10/11: Look/Engel&Gielen, S. 11 re. o.: blickwinkel/A.&J. Kosten, S. 11 re. u.: Okapia, S. 12 o. beide: Look/Wohner, S. 12/13: Holger Klaes, S. 14 li.: B/Joerg Letz, S. 14 o.: F1 Online/FAN, S. 14/15: blickwinkel/A. u. J. Kosten, S. 16 o.: H/Klaes, S. 16/17: Bildarchiv Monheim/F. Monheim, S. 18 o. li.: Look/Wohner, S. 18 o. M.: Alimdi.net/Karl F. Schoefmann, S. 18 o. re.: Das Fotoarchiv/Ralf Heinze, S. 18/19: H/Klaes, S. 20 o.: Alimdi.net/Sabine Lubenow, S. 20/21: H/R. Schmid, S. 21 re.: B/Joern Sackermann, S. 22 li. M.: Vario Images, S. 22 li. o.: Wolfgang Deuter, S. 22 li. u.: Vario Images, S. 22 o.: Vario Images, S. 22/23: Ernst Wrba, S. 23 re.: Joker/Marcus Gloger, S. 24 o.: M/Bernd Liedke, S. 24/25: H/R. Schmid, S. 25 re. Reihe 1.: Bildarchiv Monheim/F. Monheim, S. 25 re. Reihe 2.: M/Helmut Peters, S. 25 re. Reihe 3.: Version-foto.de/H. Sachs, S. 25 re. Reihe 4.: Bildarchiv Monheim/F. Monheim, S. 26 o. li.: P-A/HB-Verlag, S. 26 o. re.: P-A/dpa, S. 26 u.: L/berthold Steinhilber, S. 26/27: Look/Terra Vista, S. 28 o.: Look/Wohner, S. 28 u.: Alimdi.net/Rainer Maeling, S. 28/29: H/Klaes, S. 30 o. beide: blickwinkel/E. Kajan, S. 30/31: M/Winfried SchÑfer, S. 31 re.: alimdi.net/Hartmut Schmidt, S. 31 Reihe 1.: blickwinkel/T. Liedtke, S. 31 Reihe 2.: Vario Images, S. 31 Reihe 3.: Juniors Bildarchiv, S. 32 o. li. + re. + u. +, S. 33 re.: M/Alamy, S. 32/33: M/imagebroker/Egon Bîmsch, S. 34 o.: Ifa, S. 34/35: B/Joern Sackermann, S. 36 li.: C/Schlegelmilch, S. 36 o.: C/T. Szlukovenyi, S. 36/37: C/Schlegelmilch, S. 38 o.: Ernst Wrba, S. 38/39: H/Klaes, S. 40 o. li.: Holger Klaes, S. 40 o. re.: Bildarchiv Monheim/F. Monheim, S. 40/41 Ingo Wandmacher, S. 41 re. o.: M/imagebroker, S. 41 re. u.: Werner Otto, S. 42 li.: Peter Rees, S. 42 o.: Transit/Peter Hirth, S. 42/43: L/Berthold Steinhilber, S. 44 o.: Ingo Wandmacher, S. 44/45: Werner Otto, S. 45 li.: Werner Otto, S. 45 re.: Werner Otto, S. 46 o.: Werner Otto, S. 46 u.: Werner Otto, S. 46/47: H/Klaes, S. 48 o.: Werner Otto, S. 48/49: L/Gaasterland, S. 50 o.: Hardy Haenel, S. 50/51: B/Joern Sackermann, S. 51 re.: B/Joern Sackermann, S. 52 o. beide.: akg, S. 52/53: Heiko Specht, S. 53 re.: Photoagentur von Brauchitsch, S. 54 u.: Look/Henrik Holler, S. 54/55: Blume Bild/Blume, S. 56 o. li.: L/Boening/Zenig, S. 56 o. re.: M/Michael Szînyi, S. 56/57: L/Boening/Zenit, S. 58 o.: M/Michael Szînyi, S. 58/59.: Zielske, S. 59 re. o.: L/Boening/Zenig, S. 60 o.: Okapia, S. 60/61: L/Boening/Zenit, S. 61 re. M.: L/Boening/Zenit, S. 61 re. o.: C Zaska, S. 61 re. u.: H/F.Damm, S. 62 o.: H/R.Schmid, S. 62/63.: H, S. 64 o. li.: akg/Bildarchiv Steffens, S. 64 o. re.: bridgemanart.com, S. 64/65 alle 3: akg/Bildarchiv Steffens, S. 66 li.: akg/Herwig Mayer, S. 66 o.: Werner Otto, S. 66 o. re.: akg/Bildarchiv Steffens, S. 66/67: akg, S. 68 o.: M/Fritz Mader, S. 68/69: Look/Terra Vista, S. 69 re.: L/Heuer, S. 70 o.: blickwinkel/A. Held, S. 70/71: M/Fritz Mader, S. 72 li. Reihe li.: L/Eisermann, S. 72 li. Reihe re.: L/Heuer, S. 72 o. li.: L/Linke, S. 72 o. re.: PremiumSchulzki, S. 72/73: L/Heuer, S. 74 o. li.: Blume Bild/Blume, S. 74 o. re.: Blume Bild/Blume, S. 74/75: Zielske, S. 76 o.: P-A/Burkhard Juettner, S. 76/77.: H/R.Schmid, S. 77 re.: P-A/HB-Verlag, S. 78 o.. A1Pix/JTB, S. 78/79: Zielske, S. 80 li. o.: Look/Wohner, S. 80 li. u.: H/R.Schmid, S. 80 o.: M/Andreas Vitting, S. 80/81: H/Klaes, S. 82 o. li.: Transit/Peter Hirth, S. 82 o. re.: M/Hans Peter Merten, S. 82/83: Getty/Stephen Studd, S. 84 o.: Bildagentur-online, S. 84 u.: Look/Wohner, S. 84/85: F1-online/Hans Georg Eiben, S. 86/87 alle: Werner Otto, S. 88 o.: F1-online/Felix Stenson, S. 88/89: M/Reinhard Kliem, S. 89 u.: Look/Wohner, S. 90 o.: H/Graefenhain, S. 90/91: Zielske, S. 92 o.: Visum/Alfred Buellesbach, S. 92/93: Visum/Alfred Buellesbach, S. 94 o.: Look/Terra Vista, S. 94 u.: H/Radelt, S. 94/95: H/Klaes, S. 96 o.: Holger Klaes, S. 96 u.: Bildarchiv Monheim/F. Monheim, S. 96/97: Bildarchiv Monheim/F. Monheim, S. 97 re.: Bildarchiv Monheim/F. Monheim, S. 98 o.: H/Graefenhain, S. 98/99: H/R.Schmid, S. 99 re.: Bildarchiv Monheim/F. Monheim, S. 100 o. li.: B/Hans Juergen Burkard, S. 100 o. re.: B/Hans Juergen Burkard, S. 100/101: M/Thomas Frey, S. 101 re.: M/Hartmut Schmidt, S. 102 o. li.: M/Thomas Frey, S. 102 o. re.: M/Thomas Frey, S. 102/103: M/Jeff O'Brian, S. 104 o.: Visum/Heiko Specht, S. 104/105: H/Graefenhain, S. 105 re.: M/Thomas Frey, S. 106 li.: buchcover/Kai Remmers, S. 106 o.: M/Alamy, S. 106/107: C/Atlantide Phototravel/Massimo Borchi, S. 108 o.: H/Klaes, S. 108/109: Schapowalow/Atlantide, S. 109 re.: L/Steinhilber, S. 109 u.: C/Atlantide Phototravel/Massimo Borchi, S. 110 o. li.: A1 Pix/EAD, S. 110 o. re.: H/Klaes, S. 110/111 o.: Holger Klaes, S. 110/111 u.: Holger Klaes, S. 112 o.: akg/Monheim, S. 112 u.: Bildarchiv Monheim/F. Monheim, S. 112/113: M/Thomas Frey, S. 114 o. li.: Schapowalow/Atlantide, S. 114 o. re.: Schapowalow/Atlantide, S. 114/115: Holger Klaes, S. 116 o.: akg, S. 116: bridgemanart.com, S. 117 li.: images.de/Science&Society Picture Library, S. 117 re.: bridgemanart.com, S. 118 o.: Bildarchiv Monheim/F. Monheim, S. 118/119: Getty/Jon Boys, S. 120 o.: L/Kreuels, S. 120/121: L/Kreuels, S. 122 o. li.: Zielske, S. 122 o. re.: Look/Wohner, S. 122/123: Zielske, S. 124 o.: Zielske, S. 124/125: Bildarchiv Monheim/F. Monheim, S. 125 o.: Bildarchiv Monheim/F. Monheim, S. 125 re.: Bildarchiv Monheim/F. Monheim, S. 126 o.: L/Steinhilber, S. 126/127: Look/Wohner, S. 127 re.: akg, S. 128 o.: H/Klaes, S. 128/129 o.: alimdi.net/Martin Moxter, S. 128/129 u.: Getty/Laurence Huges, S. 130 o.: Look/Wohner, S. 130/131: Schapowalow/H, S. 132/133 beide: Zielske, S. 134 o. li.: L/Kreuels, S. 134 o. re.: L/Emmler, S. 134/135: L/Kirchgessner, S. 135 re.: L/Steinhilber, S. 136 li.: A1 Pix/FGI, S. 136 o. li.: M/Hans Peter Merten, S. 136 o. re.: Helga Lade, S. 136/137: L/Steinhilber, S. 138 o.: Look/Terra Vista, S. 138 u.: Look/Terra Vista, S. 138/139: L/Gaasterland, S. 140 o.: akg/Michael Teller, S. 140 o. M.: akg/PA, S. 140 o. re.: akg/PA, S. 140/141: alimdi.net, S. 142 o. li.: Look/Wohner, S. 142 o. re.: Schapowalow/Kliem, S. 142 u.: M/Reinhard Kliem, S. 142/143: Holger Klaes, S. 144/145: Zielske, S. 146/147: H/Kornblum.

Impressum

© 2010 Verlag Wolfgang Kunth GmbH & Co KG, München
Königinstraße 11
80539 München
Telefon +49.89.45 80 20-0
Fax +49.89.45 80 20-21
www.kunth-verlag.de

© Kartografie: GeoGraphic Publishers GmbH & Co. KG

Text: Dietmar Falk

Alle Rechte vorbehalten. Reproduktionen, Speicherung in Datenverarbeitungsanlagen, Wiedergabe auf elektronischen, fotomechanischen oder ähnlichen Wegen nur mit der ausdrücklichen Genehmigung des Copyrightinhabers.

Printed in Germany

Alle Fakten wurden nach bestem Wissen und Gewissen mit der größtmöglichen Sorgfalt recherchiert. Redaktion und Verlag können jedoch für die absolute Richtigkeit und Vollständigkeit der Angaben keine Gewähr leisten. Der Verlag ist für alle Hinweise und Verbesserungsvorschläge jederzeit dankbar.